Unos a otros

Unos a otros

**Relaciones transformadoras
en el cuerpo de Cristo**

THOMAS JONES Y STEVE BROWN

www.ipibooks.com

Unos a otros
©2010 por Illumination Publishers

ISBN: 978-1-948450-42-3

www.ipibooks.com

Todos los derechos reservados.
Ningún parte de este libro puede ser duplicada, copiada, traducida, reproducida o almacenada mecánica o electrónica sin autorización por escrito de Discipleship Publications International.

Todas las citas bíblicas, a menos que se indique, han sido tomadas de la SANTA BIBLIA, NUEVA VERSIÓN INTERNACIONAL.
©1999 por la Sociedad Bíblica Internacional.
Utilizado con permiso de Zondervan Publishing House.
Todos los derechos reservados.

Las marcas "NVI" y "Nueva Versión Internacional" son registradas en la Oficina de Patentes y Marcas Registradas de los EE.UU.
por International Bible Society.
El uso de cualquiera de los dos requiere permiso de la Sociedad Bíblica Internacional.

Impreso en los Estados Unidos de América

Diseño de portada: Jennifer Maugel
Diseño de interior: Thais Gloor

Traducción: Horacio Zavala; Mario Zamora; Iván Torres;
Javier García; Martín Ramírez (hijo)
Corrección de estilo: Amy Morgan; Silvia Hidalgo Díaz

A la iglesia de Greater Nashville
y a aquellos de la familia de iglesias andinas
de Sudamérica.
Los vemos esforzándose en
vivir estas verdades.

Contenido

Introducción 9

Capítulo 1: Relaciones en el centro del blanco de tiro 15
Capítulo 2: Relaciones de acuerdo con la gracia de Dios 27
Capítulo 3: Amándonos unos a otros 35
Capítulo 4: Aceptándonos unos a otros 42
Capítulo 5: Perteneciéndonos unos a otros 51
Capítulo 6: Enseñándonos y amonestándonos unos a otros 59
Capítulo 7: Confesando nuestros pecados unos a otros........70
Capítulo 8: Llevando las cargas unos a otros 84
Capítulo 9: Animándonos unos a otros 95
Capítulo 10: Estimulándonos unos a otros 105
Capítulo 11: Reconciliándonos unos con otros...................115
Capítulo 12: Perdonándonos unos a otros 127
Capítulo 13: "Unos a otros" en grupos 135
Capítulo 14: La conclusión lógica: comencemos................144

Apéndice 1: Filipenses: un estudio de las relaciones...........158
Apéndice 2: Relaciones de discipulado con el Espíritu Santo 165
Notas 175

Introducción

El Nuevo Testamento es un libro radical. Su personaje central no tenía nada que ver con la religión como era costumbre. Él hizo declaraciones escandalosas, pidió cambios extensos, y creó un disturbio casi en cada lugar al que fue. Pero la naturaleza radical de su mensaje no radica en llamados a protestar o en abogar por el valor de la violencia.

Por el contrario, radica en su llamado a dar la bienvenida al reino de Dios, el cual está irrumpiendo en la era actual con un llamado a llevar el amor a Dios y el amor y la responsabilidad de unos por otros, junto con la idea de una comunidad, a una profundidad dramáticamente nueva.

También radica en que él habló proféticamente contra la religión que tiene un enfoque egoísta, autónomo y narcisista.

El entrar al reino de Dios y convertirse en un discípulo de Jesús bajo términos del Nuevo Testamento siempre fue el formar parte de la iglesia de Dios, la *ekklesia* en griego. Esta palabra se refiere a la comunidad de personas a quienes se les llama a congregarse para vivir juntas por un propósito en especial.

Desafortunadamente la palabra "iglesia" (la cual proviene de palabras en latín que hacen referencia a la casa de un amo o señor) no comunica a la mayoría de las personas la idea de comunidad o confraternidad. De acuerdo con esto, en la mente de muchas personas, ellos pueden pertenecer a una iglesia y aun así vivir una vida tan separada o independiente como le plazca. Este nunca fue el plan de Dios.

Llamado a involucrarse

Desde los primerísimos días de la existencia de la iglesia que siguieron al derramamiento del Espíritu en Pentecostés (Hechos 2), está claro que pertenecer a la iglesia significaría estar involucrado en la vida de los demás de las formas más profundas y trascendentes posibles. Mientras más leemos las cartas del Nuevo Testamento dirigidas a estas comunidades, más vemos que esta enseñanza de involucrarnos no era sólo para satisfacer nuestra necesidad de socializar o tener amigos, sino para ser *transformados en nuestra naturaleza*. La manera en que estas relaciones se condujeron estuvo siendo utilizada por el Espíritu de Dios para generar cambios en las vidas de las personas. Por medio de esta conexión y dinámica del uno con el otro, increíblemente crecerían y se desarrollarían y madurarían a semejanza de Jesús.

"Sean transformados —escribe Pablo— mediante la renovación de su mente" (Romanos 12:2), pero los versículos que siguen en ese mismo capítulo ponen en claro que tal transformación no fue algo que ocurriría únicamente al meditar en Dios y su verdad de forma aislada. Provendría de su pueblo viviendo el mensaje de Dios en relaciones y comunidad porque serían miembros los unos de los otros (v5 Reina-Valera 1960) y serían devotos los unos a los otros con amor fraternal (v10).

Relaciones dinámicas

"Los unos a los otros" (una palabra, *allelon*, en griego) es una frase que se repite muchas veces en las cartas del Nuevo Testamento en la Nueva Versión Internacional (NVI), y se usa casi exclusivamente en estas cartas para referirse a las cosas que debieran, y en unos pocos casos no debieran, de caracterizar las relaciones entre creyentes. Cuando se les ve juntos, y en contexto, estos pasajes nos dan una imagen completa de las relaciones dinámicas en las que los discípulos de Jesús se aceptan, aman, animan, desafían, ayudan y edifican los unos a los otros. Nos muestran que el cuerpo de Cristo es un lugar donde debe de haber confesión, perdón y un deseo de llevar las cargas de otros. Una mirada detallada a estos textos nos deja en claro que Dios ve estas relaciones como cruciales para el cumplimiento de sus propósitos y el cumplimiento de nuestro destino. No hay nada de periférico ni secundario acerca del concepto de "los unos a los otros".

Más allá de esto, otros numerosos principios se nos han dado para edificar y mejorar las relaciones aunque la frase "los unos a los otros" quizá no sea usada. Se puede discutir que la carta de Pablo a los filipenses se trató en su plenitud de relaciones (vea el apéndice 1) aunque en esa carta él utiliza *allelon* sólo una vez.

Nuestra meta con este libro es mostrar que caminar el uno con el otro es primordial para nuestro andar con Dios y significa estar involucrado en un dar-y-recibir significativo en la vida de unos con otros.

No de entendimiento común

Empezando este estudio, es importante reconocer que estamos nadando contra la corriente de la tradición religiosa y algunas veces hasta de maestros religiosos bien conocidos y altamente respetados. Nos sorprendió recientemente descubrir que pensadores tan estimados como Agustín, Tomás de Aquino y hasta John Calvin veían algún tipo de dicotomía, o sea, una división en dos partes totalmente separadas, entre nuestra relación con Dios y nuestras relaciones unos con otros. Veían la primera como mucho más importante que la segunda, tanto así que cada uno creía que la confraternidad de uno con otro jugaría un papel menor, si es que llegaba a jugar algún papel, en la vida eterna.

Calvin de forma un tanto sorprendente lo puso de esta manera: "El estar en el paraíso y vivir con Dios no es hablar unos con otros ni ser escuchado por otros, sino que es solamente disfrutar a Dios, sentir su buena voluntad y descansar en él"[1].

Combine algo de esta enseñanza clásica con el individualismo occidental y obtendrá una visión de practica cristiana que está lejos de la visión del Nuevo Testamento. ¿Alguna vez vio alguna película vieja en la que buzos de las profundidades eran soltados al mar con trajes pesados y cascos grandes y redondos? A cada buzo se le daba aire a través de un tubo que entraba a su casco y estaba conectado al suministro de aire en la superficie.

Hace muchos años escuché a alguien decir que cuando se ve a los cristianos tomar la Cena del Señor en la actualidad es como esa imagen del buzo. Es como si cada persona estuviese en su propia cámara aislada con una línea subiendo hasta Dios. En contraste a la enseñanza del Nuevo Testamento (1 Corintios 11:17–34), hay poco sentido de conexión de unos con otros. Este comentario hecho sobre la Cena del Señor se podría hacer acerca de la experiencia cristiana en general de mucha gente.

He conversado con muchas personas que rara vez faltan a un servicio de la iglesia o misa, pero cuando se les pregunta con quienes en esa asamblea están involucrados de manera profunda, usualmente admiten que no hay nadie. Aunque tengan algunas relaciones, a menudo se encuentran lejanas de lo que veremos en los pasajes que examinaremos.

Como con todo lo demás que trata de seguir a Jesús, estas relaciones cruciales no se harán realidad sin el arrepentimiento. Debemos reconocer que nos encontramos en una necesidad desesperada de un cambio mayor de mentalidad, y debemos estar preparados a recibir el reino de Dios como un niño pequeño, permitiendo a Jesús dirigirnos a algunos lugares a los cuales nunca pensamos que podríamos ir (y quizá hasta estemos temerosos de ir).

Mientras estas relaciones ciertamente nos costarán algo y algunas veces demasiado, oramos para que veas este libro como una invitación a una vida más plena y a una oportunidad de mostrar al mundo la gloria de Dios de una manera especial.

Nuestra amistad

Nosotros dos nos conocimos por primera vez después de que Steve fue diagnosticado con la esclerosis múltiple en 1994. Steve estaba consciente que Tom había vivido con la esclerosis múltiple por algún tiempo, y los dos empezamos a comunicarnos por teléfono, mientras que Tom estaba en Boston y Steve en Dallas. Nuestra primera reunión cara a cara se llevó a cabo en tierras africanas cuando ambos asistimos a una conferencia de liderazgo en Johannesburgo, Sudáfrica. Aunque continuamos en contacto, irónicamente, no nos volvimos a ver hasta que ambos asistimos a una reunión en Jerusalén en 1997.

Conforme al plan de Dios, los Brown se mudaron a Nashville, Tennessee en el 2002, y los Jones también se mudaron a la misma área en el 2005. Nuestra relación continúo creciendo, y este libro nació de una serie de clases sobre este tema que enseñamos en el verano del 2007 en la iglesia de Greater Nashville.

Al adentrarnos en este tema tan necesario y emocionante, queremos poner en claro: no estamos afirmando ser algún tipo de "gurús de las relaciones" o siquiera ser especialmente buenos con las relaciones. Estamos escribiendo por la pura convicción de que estas son las cosas verdaderas del discipulado y de la vida en el reino de Dios. Estamos comprometidos a crecer y a aprender a cómo mejorar la profundidad y calidad de nuestras relaciones hasta que su reino llegue con su plenitud y propósito.

Haciéndolo una realidad

Queremos que este libro sea tan práctico como sea posible. Al final de cada capítulo incluiremos preguntas personales, y aun mejor, para que las discutan en tu grupo. Para empezar, toma un minuto para pensar en lo siguiente:

1. Escribe el nombre de la persona con quien tienes tu mejor relación dentro de esta iglesia.

2. En una escala de uno a diez, donde diez es la mejor, ¿cómo calificarías esa relación bajo términos de franqueza y profundidad espiritual?

3. En una escala de uno a diez, ¿cómo crees que él o ella calificaría tu compromiso con la relación?

4. Escribe el nombre de alguien con quien sabes sería bueno, tanto para él o ella como para ti, el tener una mejor relación.

Relaciones en el centro del blanco de tiro

Hace más de treinta años que a mí (Tom) se me presentó una idea que afectó profundamente la forma en que veo las Escrituras. Wendell Broom, un profesor de misiones en una universidad cristiana, señaló que muchas personas observan la voluntad de Dios tal como se revela en la Escritura y lo ven como un grupo de dominós donde todo dentro de la voluntad de Dios es del mismo tamaño y peso (ignorando los números de los dominós y sólo viendo los bloques de la figura 1).

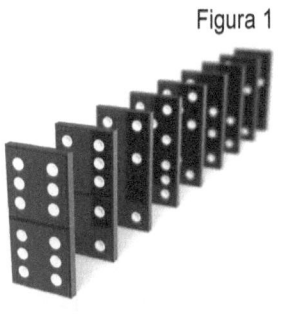

Figura 1

Por esto, para dar unos ejemplos, en sus mentes los requisitos para elegir un diácono y qué tipo de música usar en la alabanza tendrían el mismo peso que las cosas como justicia y misericordia. El razonamiento es que cualquier cosa relacionada con Dios es de igual importancia que cualquier otra cosa relacionada con Dios. No es de sorprenderse que tal acercamiento muy a menudo les lleve a interminables controversias sobre detalles más pequeños.

Figura 2

Sin embargo, Broom señaló que cuando Jesús observó la voluntad de Dios, él no lo veía como dominós sino como un blanco de tiro (figura 2). Con

Jesús, ciertas cosas estaban en el puro centro o eran más centrales que otras. Otros asuntos aún estaban dentro de las Escrituras y dentro de la voluntad de Dios, pero eran aros más periféricos.

¿De dónde sacó el profesor esta idea? De Mateo 23 donde Jesús dice:

> "¡Ay de ustedes, maestros de la ley y fariseos, hipócritas! Dan la décima parte de sus especias: la menta, el anís y el comino. Pero han descuidado los asuntos más importantes de la ley, tales como la justicia, la misericordia y la fidelidad. Debían haber practicado esto sin descuidar aquello. ¡Guías ciegos! Cuelan el mosquito pero se tragan el camello" (Mateo 23:23–24).

El diezmo en que se enfocaban los fariseos se encontraba en las Escrituras, pero claramente no se encontraba entre lo que Jesús llama "los asuntos más importantes". Al ser negligentes con "lo más grave de la ley" (Reina-Valera Antigua), o sea, el centro del blanco y el enfocarse en asuntos menos importantes que eran más fáciles de dar seguimiento y manejar de forma legalista, terminaron con una gran distorsión de lo que Dios había planeado para su pueblo.

Mientras la Escritura no nos descifra que es lo que se encuentra en el segundo y tercer aro, sí nos deja en claro, de distintas maneras, cuales cosas se encuentran en el centro del blanco o la diana. Jesús continúa y enseña que no debemos ser negligentes con ninguna voluntad de Dios (v23), pero pone en claro que cualquier práctica que omita "los asuntos más importantes", los de la diana, jamás puede traer honra a Dios.

LA CENTRALIDAD DE LAS RELACIONES

En este libro estamos afirmando que las relaciones en el cuerpo de Cristo, y particularmente la naturaleza de esas relaciones, no se encuentran en algún área periférica. Se les encuentran en la diana, en el corazón de lo que se trata el reino de Dios. Si tenemos interés alguno en ser fieles a Dios y en ser un serio discípulo de Jesucristo en este mundo, la naturaleza de nuestras relaciones con otros cristianos debe ser de prioridad. A medida que el reino de Dios irrumpe en nuestra era actual y la voluntad de Dios se hace en la tierra tal como en el cielo, habrá una notable diferencia en las relaciones del reino, y asegurar que esto suceda debe ser una pasión de los discípulos.

Entendiendo que esta conclusión no es algo que simplemente deba suponerse, veamos cuidadosamente diferentes puntos de la Escritura donde la centralidad de las relaciones queda de manifiesto.

1. Mateo 22:37-40

> "'Ama al Señor tu Dios con todo tu corazón, con todo tu ser y con toda tu mente' —le respondió Jesús—. Éste es el primero y el más importante de los mandamientos. El segundo se parece a éste: 'Ama a tu prójimo como a ti mismo.' De estos dos mandamientos dependen toda la ley y los profetas.'"

Como Jesús está hablando aquí acerca de los más grandes de los mandamientos, cabe poca duda de que nos encontramos en el centro del blanco. Ciertamente nada se encuentra más en ese lugar que amar a Dios con todo tu ser. No importa la cantidad de actividades de iglesia o aún estudios de las Escrituras, jamás podrás sustituirlos por tu amor a Dios el cual se difunde en cada área de la vida, conversación y práctica.

Pero entonces Jesús dice: "el segundo se parece a éste". Existe un segundo mandamiento. Es segundo, pero cercano. Casi sale de su boca en el mismo aliento del primero. Y está tan inmediatamente relacionado con el primero, de tan esencial y vital que es, que Jesús tuvo que conectar los dos. ¿Cuál fue? "Ama a tu prójimo como a ti mismo". Jesús deja en claro que la relación con otros se encuentra intrincadamente amarrada junto a la relación con Dios.

Jesús dice: "De estos dos mandamientos dependen toda la ley y los profetas". Para los judíos, no lo pudo haber hecho más claro. Para ellos, la ley y los profetas encerraban toda la voluntad de Dios, y Jesús está diciendo: "Toda la enseñanza de la Biblia se basa en estos dos mandamientos" (Biblia en lenguaje sencillo).

Pero si este pasaje nos presenta y pone el fundamento de la idea de que las relaciones están al centro de la voluntad de Dios, este mensaje estará subrayado más específicamente en algo que Jesús dijo más tarde sólo a sus discípulos.

2. Juan 13:34–35

> Este mandamiento nuevo les doy: que se amen los unos a los otros. Así como yo los he amado, también ustedes deben amarse los unos a los otros. De este modo todos sabrán que son mis discípulos, si se aman los unos a los otros.

¿Cómo les había amado Jesús? Lleno de gracia, incondicionalmente, sacrificándose, honestamente (no ocultando ninguna verdad que necesitaran) y humildemente, como su sirviente (vea justo unos versículos anteriores). Ahora les manda amarse unos a otros justo como han visto y han sabido que él les amó. No se nos deja conjeturar o adivinar lo que esto significa (tal como muchas enseñanzas del Nuevo Testamento nos lo aclaran), pero si esta fuese la única declaración en la que nos pudiésemos basar, podríamos desarrollar una imagen ciertamente amplia del tipo de relaciones que los cristianos debían tener unos con otros. Y si fuese la única declaración que tuviésemos, ciertamente no tendríamos duda acerca de cuán crítico es para nosotros desarrollar y practicar tal entendimiento.

Esto, dice Jesús, es la manera en que todos sabrán que somos sus discípulos. ¡Que sobresaliente! Esto es tan cercano al centro del blanco que será una marca distintiva por medio de la cual los cristianos serán reconocidos como verdaderamente suyos. No estamos en territorio periférico aquí. La doctrina correcta es importante, pero Jesús no dice: "Los hombres sabrán que son mis discípulos por su doctrina". Las asambleas inspiradoras tienen un lugar importante, pero Jesús no dice: "Estas convencerán a otros de que son míos".

El profeta Isaías, 700 años antes de Cristo, profetizaba y veía el próximo reino como uno donde las disputas fuesen arregladas y las personas convertirían sus espadas (herramientas de división) en rejas de arado (herramientas de paz) (Isaías 2:4). Existiría la unión, aparentemente imposible, del lobo y la oveja, el leopardo y la cabra, el becerro y el león, todos siendo guiados por un niño pequeño (Isaías 11:6–9). Los hombres se protegerían los unos a los otros y serían cada uno para el otro un resguardo contra el viento (Isaías 32:2). A medida que los de la iglesia de Jesús practican su amor en sus relaciones unos con otros, los demás verán la evidencia de que el reino mesiánico ha llegado.

¿Por qué Jesús no dice algo similar a: "Todos sabrán que son mis discípulos cuando vean lo devotos que son a la oración o a la Escritura"? Aunque no podemos estar seguros, una estimación sería que los hombres pueden orar (Mateo 6:5) y estudiar las Escrituras (Mateo 22:29) por intereses personales. Pero cuando ves hombres y mujeres entregar sus vidas el uno por el otro, esto se asemeja a Jesús (Juan 3:16 y 1 Juan 3:16) y lo que el Espíritu anticipaba a través de Isaías. Las relaciones entre creyentes son parte de "los asuntos más importantes" porque Jesús claramente los colocó en esa posición.

3. Hechos 2:42

> Se mantenían firmes en la enseñanza de los apóstoles, en la comunión, en el partimiento del pan y en la oración.

Aquí tenemos una descripción del primer grupo de creyentes después del bautismo de los tres mil en el día de Pentecostés. Lucas deja en claro que los apóstoles, entrenados por Jesús, estaban dirigiendo a estos discípulos nuevos. A medida que se adherían (*proskartereo*: "se mantenían firmes") a lo que les enseñaban los apóstoles, se mantenían firmes en la "comunión, en el partimiento del pan y en la oración". Ciertamente, la segunda práctica seguía a la primera. Lo que escucharon de los apóstoles con toda seguridad fue aquello que los apóstoles habían escuchado de Jesús, como está grabado en Juan 13:34-35.

Su arrepentimiento y volverse a Jesús debía de vivirse amando a otros quienes también se habían comprometido a seguirle a él.

Pero quizás vemos esto más específicamente cuando vemos más de cerca esta palabra "comunión". La palabra en griego es *koinonia*. Mientras que hoy en día la palabra "comunión", o como algunos la dicen "confraternidad", puede que traiga a nuestra mente la conversación casual u otras asociaciones ligeras, la palabra *koinonia* se refería a mucho más: a una sociedad e involucración profunda. La palabra se usaba fuera del Nuevo Testamento para describir el matrimonio. La Biblia en lenguaje sencillo puede que sea la versión que mejor captura la esencia de la palabra con la frase "y decidieron vivir como una gran familia". *Koinonia* tiene su raíz en la palabra *koinon*, la cual significa común o en común. Las personas que experimentan *koinonia* comparten una vida en común, no una conexión casual.

No estamos hablando del club de jardines, el grupo de póker ni siquiera del Club Rotario. Esta es una familia, pero en otro sentido, aún más profunda que la familia normal. Esta es la conexión de personas que tienen relación porque han sido bautizadas en el nombre de Jesús y nacidas del Espíritu y comparten la identidad, los valores y las metas más profundas.

Los apóstoles tomaban en serio lo que Jesús les había enseñado e hicieron de este compromiso de unos con otros una enseñanza primaria para los nuevos conversos. Desde el primer día jamás cupo dudas de que compartir la vida conjuntos estaba en el centro del blanco de tiro.

4. Gálatas 6:1-2

> Hermanos, si alguien es sorprendido en pecado, ustedes que son espirituales deben restaurarlo con una actitud humilde. Pero cuídese cada uno, porque también puede ser tentado. Ayúdense unos a otros a llevar sus cargas, y así cumplirán la ley de Cristo.

Este pasaje es la primer referencia que mencionamos que viene de las cartas del Nuevo Testamento. De muchas formas, el gran volumen de material mismo en las cartas acerca de las relaciones es argumento sólido de la centralidad de las relaciones en el plan de Dios para su pueblo. Un examen detallado pudiese revelar que las cartas tratan de relaciones más que cualquier otro tema. A la luz de lo que ya hemos visto, esto no es de sorprendernos.

En este y otros textos, la Escritura muestra lo centralizadas que son nuestras relaciones a la nueva vida en Cristo. Al igual que a menudo escuchamos que las tres palabras clave en la venta de bienes raíces son "ubicación, ubicación y ubicación", quizás necesitamos entender que las tres palabras clave en el estudio bíblico son "contexto, contexto y contexto". La frase en el versículo 2 "ayúdense unos a otros a llevar sus cargas" debe verse primero en contexto antes de que se hagan otras aplicaciones. Al aplicar esta forma de abordarlo, vemos que las "cargas" son cargas producidas por el pecado. Los cristianos deben estar tan inmersos en la vida de unos a otros que saben contra que pecados luchan los otros por vencer. Entonces deben de realmente venir al lado de otros para ayudarles a sobrellevar esas cargas a un lugar donde se les pueda tratar.

La declaración "así cumplirán la ley de Cristo" es una interesante. "Ley" en el Nuevo Testamento no siempre se refiere a un mandamiento o código, sino muy a menudo a un principio (vea Romanos 7:21 y 8:2 como ejemplos). Así entonces aparentaría que ayudar a tu hermano o hermana a vencer un pecado es cumplir el "principio" de Cristo. Cuando consideramos que la carga que Jesús cargó por nosotros fue nuestro pecado (Isaías 53:4-6, 1 Pedro 2:24), esta conclusión tiene mucho sentido.

Así que las relaciones se encuentran en el centro de la voluntad de Dios porque es en estas relaciones, que no son nada superficiales, donde estamos cumpliendo el mismísimo principio de Cristo. Estamos siguiendo sus pasos, no sólo siendo buenas personas que donan dinero o dan un aventón camino al doctor, sino que están tan involucradas en las vidas de otras que podemos ayudarles a llevar la carga del pecado.

5. Filipenses 1:27, 2:1-4

> Sólo les pido que vivan dignamente, como lo enseña la buena noticia de Cristo. Porque, ya sea que vaya a verlos o no, quiero estar seguro de que todos ustedes viven muy unidos y se ponen de acuerdo en todo, y que luchan unidos por anunciar la buena noticia. (Filipenses 1:27, Biblia en lenguaje sencillo)
>
> Estoy seguro de que Cristo les ha dado a ustedes poder para animar a los demás. El amor que ustedes tienen los lleva a consolar a otros, y sé que todos tienen el mismo Espíritu y son compasivos. Por eso les pido a todos ustedes que me hagan totalmente feliz, viviendo en armonía y amándose unos a otros. Pónganse de acuerdo en lo que piensan, deseen las mismas cosas y no hagan nada por orgullo o sólo por pelear. Al contrario, hagan todo con humildad y vean a los demás como mejores a ustedes mismos. Nadie busque el bien sólo para sí mismo, sino para todos. (Filipenses 2:1-4, Biblia en lenguaje sencillo)

Supongamos que muchos lean la frase "dignamente, como lo enseña la buena noticia de Cristo" y piensen que se refiere a ser morales, leer la Biblia, asistir a las reuniones de la iglesia o tener un espíritu dócil. Sin embargo, como dijimos, debemos poner atención cuidadosa al contexto. En estos versículos que siguen, la vida "como lo enseña la buena noticia" se describe como vivir muy unidos ("firmes en un mismo Espíritu" Reina-Valera 1960) mientras se ponen de acuerdo en todo (1:27) e involucrarse profundamente en las preocupaciones de unos a otros (2:4).

La vida que es digna del evangelio es una vida que muestra el evangelio trabajando en nuestras relaciones. El mismo punto se hace en la carta a los efesios. Pablo empieza el capitulo 4 con: "Por eso yo, que estoy preso por la causa del Señor, les ruego que vivan de una manera digna del llamamiento que han recibido". ¿De qué trata el resto del capítulo? Relaciones. Particularmente toma nota de los dos versículos que siguen a esta advertencia.

> Sean humildes, amables y pacientes, y con amor dense apoyo los unos a los otros. Hagan todo lo posible por vivir en paz, para que no pierdan la unidad que el Espíritu les dio. (4:2–3, Biblia en lenguaje sencillo).

Es como si Pablo de manera consistente hiciese eco en sus cartas a lo que Jesús dijo en Juan 13:34–35. (Aunque Juan aún no había físicamente escrito estas palabras, sin duda eran bien conocidas.)

Las relaciones se encuentran en el centro de la voluntad de Dios porque esta es la forma en que se vive una vida digna del evangelio y del Señor.

6. 1 Juan 1:7–9

> Pero si vivimos en la luz, así como él está en la luz, tenemos comunión unos con otros, y la sangre de su Hijo Jesucristo nos limpia de todo pecado. Si afirmamos que no tenemos pecado, nos engañamos a nosotros mismos y no tenemos la verdad. Si confesamos nuestros pecados, Dios, que es fiel y justo, nos los perdonará y nos limpiará de toda maldad.

En la primera carta de Juan se dibuja un gran contraste entre vivir en la luz y vivir en la oscuridad. ¿Pero qué significa "vivir en la luz"? De nuevo considera el contexto. Discutiríamos que es paralelo al versículo nueve y que vivir en la luz y confesar nuestros pecados son lo que alguien ha llamado los gemelos siameses de 1 Juan.

Andar en la luz es vivir nuestras vidas con franqueza y transparencia en respuesta a la sangre de Cristo. Comunión (*koinonia*) es tan importante debido a que es tanto la práctica como el producto de andar en la luz y vivir en la luz, una luz que es producida por la cruz de Cristo.

Así que ¿cuán centrales son nuestras relaciones para seguir a Jesús?

1. Van de la mano con amar a Dios.
2. Son como demostramos que somos discípulos.
3. Son algo a que entregarnos al entrar en Cristo.
4. Son como cumplimos el principio de Cristo.
5. Son como vivimos una vida digna del evangelio y el Señor.
6. Son hacia donde nos dirige el andar en la luz.

Cuando piensas: "Necesito tomar en serio mi relación con Dios", ¿inmediatamente te das cuenta que significa "debo tomar en serio mis relaciones con otros creyentes"? No hemos incluido todo el material que podríamos haber examinado, pero estos textos clave nos muestran que no hay duda que Dios ve las relaciones con nuestros hermanos y hermanas en Cristo en el centro del blanco de tiro.

No te equivoques, nada de esto es arbitrario. Todo lo relacionado con el plan de Dios tiene propósito. Fuimos hechos para las relaciones. La misma naturaleza de Dios está en juego aquí. Hay un sólo Dios, pero él es Padre, Hijo y Espíritu Santo; por naturaleza existe una relación. Jesús pone esto abundantemente claro a través del evangelio de Juan (por ejemplo, vea 3:35, 5:19–20, 14:26, 17:2).

¿Cómo podemos ignorar la centralidad de nuestras relaciones al adorar y servir a un Dios quien en su misma naturaleza nos demuestra relaciones? Son el cumplimiento del reino de Dios en medio de la cultura humana. Encontramos riqueza en la vida no en artefactos, carros o casas, sino en relaciones, primero con Dios y después unos con otros. Pero no sólo encontramos plenitud, sino que encontramos transformación, la cual iremos viendo a medida que avancemos.

Haciéndolo una realidad

1. ¿Cómo es que una relación con Dios va de la mano con las relaciones los unos con los otros? En otras palabras, ¿cómo es que la primera conlleva a la segunda, y como es que la segunda tiene un impacto en la primera?

2. Dale una revisada a las respuestas que anotaste después de la introducción. A la luz de lo que se ha discutido aquí en el capítulo 1, ¿qué pensamientos tienes acerca de estas preguntas y de tus respuestas? ¿Qué acción quieres tomar?

3. Si no te ves a ti mismo como una persona que haga relaciones naturalmente, ¿cuáles son los cambios de tu forma de pensar que necesitas estar dispuesto a hacer?

4. ¿Qué responsabilidad nos dan las ideas de este capítulo con respecto a nuestros amigos quienes creen que tienen una buena relación con Dios sin mantener una conexión profunda con otras personas? ¿Crees conocer personas así?

Relaciones de acuerdo con la gracia de Dios

A menos que decidamos ser unos ermitaños, las relaciones serán una parte importante de nuestras vidas. El contacto y la conexión con otros seres humanos no sólo son necesarios para la realización de negocios y para llevar a cabo muchas tareas, sino también para disfrutar la vida. Son pocos los que no sienten un innato deseo de estar en algún grupo social, ya sea familia, un grupo de póker, un club o un equipo. Tenemos amigos de pesca y de golf, amigos con los que vamos de compras o grupos de apoyo. De una manera o de otra, la mayoría de personas encuentra una forma de relacionarse.

No obstante, como casi todo lo demás en la vida, podemos llevar a cabo nuestras relaciones, en palabras de Pablo, de acuerdo con "la sabiduría humana", o podemos hacer que se comporten de acuerdo con la sabiduría de Dios (vea 1 Corintios 1–3, donde Pablo habla sobre esto). En su segunda carta a los corintios, Pablo menciona específicamente estas dos maneras diferentes para acercarse a relaciones ya sea de la familia espiritual o no. Vea esta declaración de él.

> Para nosotros, el motivo de satisfacción es el testimonio de nuestra conciencia: Nos hemos comportado en el mundo, y especialmente entre ustedes, con la santidad y sinceridad que vienen de Dios. Nuestra conducta no se ha ajustado a

la sabiduría humana sino a la gracia de Dios. (2 Corintios 1:12)

Corrección y ejemplo necesitados

En su primera carta a esta iglesia, Pablo notó que sus relaciones eran todo menos de Dios. A pesar de que eran discípulos de Cristo, su fe estaba en un lugar peligroso. La lista de problemas en sus relaciones era alarmante.

- Ellos estaban divididos en grupos exclusivos siguiendo a ciertos líderes: capítulos 1–3.
- Ellos se habían convertido en arrogantes en su relación con Pablo: capítulo 4:18–19.
- Algunos estaban llevando unos a otros a los tribunales con demandas: capítulo 6.
- Algunos estaban pensando que podían abandonar sus votos matrimoniales y dejar a sus esposos sólo porque no eran cristianos: capítulo 7.
- Algunas personas estaban ejerciendo su derecho de comer carne sin tomar en cuenta si ofenderían la conciencia de alguien más. En lugar de eso, algunos actuaban prepotentes y orgullosos: capítulo 8.
- Algunos actuaban insensibles hacia los miembros más pobres, al no esperar los unos por los otros para la Cena del Señor (que en ese momento hubiera sido una comida común también). Además algunos se emborrachaban sin reconocer el cuerpo del Señor ni a los miembros de la iglesia: capítulo 11.
- Existía una controversia entre ellos basada en el orgullo de quién tenía el mejor don, en un espíritu de competición egoísta: capítulos 12–14.

A una iglesia tal como esta, Pablo no sólo les quiso enseñar para corregir estos problemas, sino también quería mostrarles con su propia vida una manera completamente diferente de llevar a cabo sus relaciones. Él les quería mostrar la diferencia entre relaciones que se vivían de acuerdo con la sabiduría del mundo y las relaciones que se vivían de acuerdo con la gracia de Dios (2 Corintios 1:12). Si comparas el lenguaje de Pablo en 1 Corintios 1–3 con este pasaje, notarás una ligera diferencia en el contraste que él plantea en los dos pasajes.

En el pasaje de 1 Corintios, el contraste es entre "la sabiduría humana" y "la sabiduría de Dios". En el otro pasaje es entre "la sabiduría humana" y "la gracia de Dios" (vea figura 3). Sin duda, debemos entender que vivir de acuerdo con la sabiduría de Dios significa vivir de acuerdo con la gracia de Dios.

Figura 3

1 Corintios 1–3	2 Corintios 1
La sabiduría humana	La sabiduría humana
La sabiduría de Dios	La gracia de Dios

Las relaciones que se llevan a cabo de acuerdo con la sabiduría del mundo siempre tendrán algún elemento de individualismo en la mente, ciertamente algunas más que otras, pero este siempre estará allí. Las relaciones que se llevan a cabo de acuerdo con la gracia de Dios tendrán dos cosas en mente: la gracia de Dios para nosotros y nuestra necesidad para pasar gracia a otros. El reino de Dios ha venido a nosotros por medio de la extravagante generosidad de Dios. Este hecho ahora está en el centro de todas nuestras relaciones.

Tomando en cuenta la misericordia de Dios

Déjame (yo, Tom) decirte lo que me ha ayudado a entender

esta extravagante generosidad de Dios. Hace treinta y cinco años, mi esposa y yo fuimos de vacaciones a una remota parte de Colorado en los Estados Unidos. Nos instalamos en una pequeña casa rodante al pie de una montaña. Justo después del amanecer, mientras Sheila seguía durmiendo, me levanté y escalé hacia la cima de un pico de las Montañas Húmedas (*Wet Mountains*).

Alcanzando la cima, una vista espectacular me dejó sin aliento. Desde allí pude ver la mayor parte de la cordillera Sangre de Cristo a través del valle. Más tarde me enteraría que se trataba de una serie de más de veinte picos de 4267 metros de altura, y parecía que se extendía hasta donde podía ver desde el este al oeste. (Para verlo por ti mismo, visita este sitio Web: http://www.sangrespanorama.com.)

Tenía mi copia de la Nueva Versión Internacional del Nuevo Testamento que había sido publicada pocos meses antes. En esta nueva traducción leí estas palabras en Romanos 12:1:

> Por lo tanto, hermanos, tomando en cuenta la misericordia de Dios, les ruego que cada uno de ustedes, en adoración espiritual, ofrezca su cuerpo como sacrificio vivo, santo y agradable a Dios.

Con esa espectacular vista de la cordillera Sangre de Cristo, pensé en como el libro de Romanos es en realidad una serie de picos teológicos de 4267 metros describiendo una y otra vez la misericordia y la gracia de Dios en términos elevados. Y me di cuenta que necesito vivir toda la vida sin perder de vista la espectacular misericordia de Dios. Yo especialmente necesito llevar a cabo todas mis relaciones con ese punto de vista como telón de fondo.

Una de mis fotos favoritas de la cordillera Sangre de Cristo es una en donde se puede ver el pequeño pueblo de Westcliffe en el valle empequeñecido por esas majestuosas montañas. Mientras escribo esto, esa foto enmarcada está colgada directamente en frente de mí, sobre la pantalla de mi computadora. Fue años después que estaba allí cuando vi esa foto y me dí cuenta que la iglesia realmente es como aquel pequeño pueblo. Somos la comunidad de Dios, con nuestro pueblo construido a los pies de las imponentes montañas majestuosas de la gracia abundante de Dios. Así como se puede hacer muy poco en Westcliffe sin ver esas montañas elevándose por encima de uno, así mismo debemos llevar a cabo todas nuestras relaciones, dentro o fuera de la iglesia, con una vista clara de la misericordia de Dios, siempre permitiendo que diseñe y controle nuestras relaciones.

Esto significa más que ser superficialmente amables unos con otros. Una mirada de cerca a la gracia de Dios revela mucho sobre lo que debe estar involucrado en las relaciones. En el resto de este libro veremos algunos de los textos claves que describen nuestra participación con "unos a otros". En cada caso, lo que Dios nos llama a ser los unos para los otros se basa en lo que Dios es para nosotros, a medida que nos muestra su gracia. En otras palabras, no hay nada arbitrario acerca de los pasajes de "los unos a los otros". Dios no escogió una docena de cosas al azar para que hagamos. No, todos están teológicamente basados en el carácter de Dios y su dinámica con nosotros en la que recibimos su gracia. Veamos varios ejemplos.

Poniéndolo en claro

- En Romanos 12, después de llamarnos a vivir nuestras vidas con la misericordia de Dios a la vista, pronto Pablo nos dice que pertenecemos los unos a los otros (v5). La sabiduría del mundo nos enseña a ser independientes, a ir y venir como nos plazca. Y así en gran parte de la religión se ve una enorme aceptación a esta filosofía.

Sin embargo, al mirar seriamente a la gracia de Dios, vemos que el único que podría haber sido realmente independiente y no necesitaba nada era Dios, y aún así en su gracia vino para estar con nosotros y pertenecer a nosotros. Así que hablando de Jesús en Filipenses 2, Pablo dice que él no contaba con la igualdad con Dios como algo a que aferrarse, sino que se despojó a sí mismo y tomó la forma de siervo. ¿Y a quién estaba sirviendo? Él estaba sirviendo a nosotros, y la palabra griega doulos aquí usada significa el que pertenece a quien sirve.

Nosotros los que estamos en Cristo somos bendecidos hoy porque Dios no permaneció independiente de nosotros, pero vino en Cristo, se humilló a sí mismo y se convirtió en uno de nosotros, y perteneció a nosotros. Si Dios nos ha tratado de esta manera, ¿qué debemos hacer? Seguramente significa que nos aferremos a la idea de que pertenecemos los unos a los otros. Por la gracia de Dios hemos sido parte de la misma familia para servir a los demás.

- Siguiendo en Romanos 12, vemos pronto el llamado "Ámense los unos a los otros" (v10). La palabra philostorgos habla del tipo de compromiso que se tiene con los amigos y miembros de la familia, por quienes tú te preocupas profundamente. Cuando vemos la gracia de Dios, vemos uno que nos trae a su círculo de amigos (Juan 15:13-15). Vemos uno que nos adopta a su familia (Hebreos 2:11). Vemos uno que nos promete que nunca nos dejará o abandonará (Hebreos 13:5). Dios, en su gracia, se convierte en el modelo de como debemos comprometernos los unos a los otros.

- En Colosenses 3:16 y Efesios 4:15 tenemos un tipo diferente de pasaje de "los unos a los otros". En estos pasajes estamos llamados a amonestarnos los unos a los otros y hablar la verdad con amor unos a otros. ¿Cómo es esta manera de relacionarse con otros de acuerdo con la gracia de Dios? Para algunas personas la gracia significa simplemente pasar por alto las fallas y los pecados. La forma en que ven la gracia es que debemos ser permisivos con el pecado. Para ellos, hablar con alguien más sobre su pecado es estar sin gracia o misericordia.

    ¿Pero qué vemos cuando vemos a Dios, quien siempre es rico en misericordia y lleno de gracia? Vemos un padre que sabe lo que el pecado nos hace y quien nos amonesta y nos dice la verdad. Y ahora nos llama a hacer esto los unos a los otros. Aquellos que viven de acuerdo con la sabiduría del mundo, dentro y fuera de iglesias, usualmente toman una de estas tres opciones: (1) Simplemente ignoran el problema. (2) Dicen chismes sobre la situación a otros. (3) Asustan a la persona con la verdad. Ninguna de estas acciones muestra gracia. La gracia se involucra. A la gracia le importa. La gracia habla la verdad de una manera amorosa.

- Por años, los dos autores de este libro hemos estado involucrados con iglesias que han intentado hacer de las relaciones una gran prioridad. En algunos casos, hemos visto abusos que ocurrieron cuando la gente empezó a adueñarse de otros y buscar un control no sano. La gente afectada por tal abuso por instinto evitarán formar más relaciones por tener miedo. Sin embargo, es un error intentar corregir este abuso con menos compromiso de los unos a los otros y menos participación en las vidas de unos y otros. La corrección está encontrada no en menos interés en unos a otros, sino en llevar a cabo nuestras relaciones de acuerdo con la gracia de Dios.

Haciéndolo una realidad

1. Cuidadosamente piensa en cómo estás tentado a llevar a cabo tus relaciones en el mundo y con otros creyentes de acuerdo con la sabiduría del mundo. Piensa en estas áreas: (1) cosas de negocios, (2) situaciones médicas, (3) interacciones en la escuela y con el gobierno, (4) problemas del vecindario, (5) relaciones con su esposo o esposa, (6) relaciones con sus hijos, (7) relaciones con los líderes de la iglesia, (8) relaciones con aquellas personas en tu grupo pequeño y (9) relaciones con sus mejores amigos.

2. Toma un inventario cuidadoso de las formas en que Dios te ha tratado por su gracia.

3. ¿Qué cosa en tu lista te impacta como la forma en que necesitas relacionarte con otros de acuerdo con la gracia de Dios?

4. ¿Pudiste visitar el sitio Web que te mencioné: http://www.sangrespanorama.com? ¿Qué efecto podría tener si siempre puedes ver la gracia de Dios que domina en el fondo de cada relación?

3
Amándonos unos a otros

> Este mandamiento nuevo les doy: que se amen los unos a los otros. Así como yo los he amado, también ustedes deben amarse los unos a los otros. De este modo todos sabrán que son mis discípulos, si se aman los unos a los otros.
>
> Juan 13:34–35

Cualquier discusión de los pasajes que traten de los unos a los otros verdaderamente debe de empezar y terminar con el "nuevo" mandamiento de Jesús (Juan 13:34): "Deben amarse los unos a los otros". Amarse los unos a los otros es el pasaje que más se repite, en varias formas, entre aquellos que tratan de los unos a los otros.

De la misma manera, la fuerza del lenguaje necesita de una atención especial. Jesús dice: "Deben amarse los unos a los otros". Lo establece como un mandamiento. Y después continúa con: "De este modo todos sabrán que son mis discípulos, si se aman los unos a los otros". Pablo dice que tenemos una deuda continua de amarnos unos a otros (Romanos 13:8), y es Dios mismo quien nos enseña a "amarse unos a otros" (1 Tesalonicenses 4:9). Y el apóstol Juan, algunas veces llamado el apóstol del amor, lo exige cinco veces en 1 Juan 3 y 4. De hecho, contaron una historia en la iglesia del primer siglo que Juan repetía tantas veces la frase de "hijitos míos, ámense unos a otros" que su audiencia se cansó de escucharlo y le rogaron que les enseñara algo más. Para lo que él supuestamente respondió: "Hijitos míos, ámense unos a otros". Si en realidad esto sucedió, no creemos que esto era la "chochera de viego" de Juan, sino su convicción.

Amor familiar

Para ayudarnos a comprender la naturaleza y fuerza de este amor y como debería aparecer al vivirlo en la confraternidad, las Escrituras usan la poderosa metáfora de la familia. Está integrado dentro de la Biblia entera. Dios es nuestro Padre. Jesús es el hermano mayor, el "primogénito" (Colosenses 1:15,18). Nosotros somos "hermanos" y "hermanas". Somos parte de una "hermandad" (*adelphotes*: 1 Pedro 2:17, 5:9). La palabra "hermanos" está usada más de doscientas veces haciendo referencia a los cristianos. Encontramos el tema de la adopción en Efesios 1:5. Y de ahí sigue todo el concepto de ser nacidos o renacidos en la familia de Dios. De hecho, somos hermanos de sangre, según Efesios 1:7.

Se nos impone a seguir "amándose unos a otros fraternalmente" (Hebreos 13:1), y en Romanos 12:10, Pablo saca a relucir este estilo de amor familiar, diciendo: "Ámense los unos a los otros con amor fraternal". Estamos familiarizados con la palabra griega para "amor fraternal", *philadelphia*, por los pueblos Filadelfia en varios países y por la ciudad Philadelphia en Estados Unidos que se conoce como "la ciudad del amor fraternal".

Pablo va más allá de solamente exhortarnos al amor fraternal. Aquí, la palabra griega se refiere a "amor de corazón", podríamos decir desde el fondo de tu corazón. Este trasciende toda obligación, aun esa de un miembro de familia, y requiere una profundidad de calidez, un cuidado y lealtad que probablemente debería caracterizar a todas las familias, aunque muchas, desgraciadamente, se quedan cortas.

El estándar máximo para entender este amor que se nos requiere está sencillamente declarado: "Así como yo los he amado, también ustedes deben amarse los unos a los otros" (Juan 13:34b). Además, es el amor de Dios que nos sirve de motivación para nuestro amor, porque "ya que Dios nos ha amado así, también nosotros debemos amarnos los unos a los otros" (1 Juan 4:11).

Seguros en Dios

Para poder entender de lo que se trata este maravilloso amor de Jesús, regresemos y veamos nuestro texto original en su contexto. El escenario es la noche anterior a la muerte de Jesús, y Juan nos da esta intrigante historia que no se encuentra en ningún otro evangelio. Mientras ninguno de los discípulos buscaba una oportunidad de servir, Jesús mismo, el que supuestamente iba a ser honrado, se puso de pie, encontró una palangana y una toalla, y fue de persona en persona lavando los pies sucios de los discípulos.

¿Se asombraron los discípulos ante esto? Probablemente no. Jesús no estaba haciendo algo que no perteneciera a su carácter. Él les había enseñado a estos tercos buscadores de posiciones a ser humildes y a servir, y después él ha vivido sus enseñanzas. Ahora Juan dice: "Y habiendo amado a los suyos que estaban en el mundo, los amó hasta el fin" (Juan 13:1b). Jesús siempre les había estado sirviendo, y esto continuaba hasta el final, aun cuando sus luchas internas se intensificaron mientras la hora destinada se acercaba.

¿Cómo mantenemos esta mentalidad de servicio hacia las

personas en nuestra vida? ¿Cómo supera un líder el miedo de ser visto en debilidad?

La respuesta más probable se encuentra en el versículo 3: "Sabiendo Jesús que el Padre le había dado todas las cosas en las manos, y que había salido de Dios y a Dios iba" (Reina-Valera 1960). El estar seguro de su identidad liberaba a Jesús para poder enfocarse en las necesidades de otros. Deberíamos de ser capaces de enlazar esta verdad con el capítulo previo en este libro. Manejar nuestras relaciones de acuerdo con la gracia de Dios significa llevarlas a cabo con la seguridad de que nuestra identidad proviene de la gracia de Dios.

Suceden muchas cosas extrañas y dolorosas en las relaciones porque la gente actúa por inseguridad. Saber que tenemos nuestra seguridad solamente de parte de Dios nos libera a amar y servir con abandono.

Amar significa servir

Cuando vemos este pasaje completo, vemos algo sorprendente: amar a alguien es servirle, es decir, satisfacer sus necesidades. El amor no es un pensamiento abstracto. No es una emoción pasajera. No es una inclinación benévola. El amor en una acción. Es algo que se demuestra. En este ejemplo, requiere tiempo, agua, una toalla y las rodillas en el duro suelo.

¿Amas tú a tu hermano o a tu hermana en Cristo? Ten cuidado. Esto casi siempre va a requerir tiempo. ¿Acaso estás ocupando todo tu tiempo? También puede conllevar una variedad de cosas como paciencia, perdón, gasolina, una cortadora de pasto y sudor. ¿O qué de cambiar pañales (literalmente o espiritualmente), sacrificar algo que realmente te gusta, escuchar, que se te acaben los minutos del celular? Decimos: "Realmente amo a ese hermano". ¿En serio? ¿Hay acciones? ¿Se lo demuestra?

Yo (Tom) he descubierto algo de mí mismo, y deseo que no fuera verdad. En general, me gusta servir a la gente, pero hay ciertas personas que no me emociona tanto servir como a otras. No hubiera pensado que esto era verdad, hasta que hace unos meses me encontré enseñando acerca de este tema y me dí cuenta de que había ciertas llamadas que regresaba rápidamente y otras no tanto. Me golpeó que el hecho de que regresar una llamada era un acto de servicio y de amor, porque demuestra un respeto por las necesidades de otros. Vi claramente en mi reticencia o demora una falta de amor. Si tú me hubieras preguntado si yo amaba a estas personas, mis palabras no hubieran coincidido con mis acciones.

Saqué esto a la luz enfrente de toda la iglesia, y desde entonces he visto algún verdadero cambio. Pero ahora estando conciente de esta tendencia, necesito estar vigilante a tener un corazón correcto. El llamado a amar es el llamado a actuar, y no sólo a actuar si mis emociones son gratificadas.

El llamado a amar está cuidadosamente calificado. Jesús dice:

> "Ustedes me llaman Maestro y Señor, y dicen bien, porque lo soy. Pues si yo, el Señor y el Maestro, les he lavado los pies, también ustedes deben lavarse los pies los unos a los otros. Les he puesto el ejemplo, para que hagan lo mismo que yo he hecho con ustedes". (Juan 13:13–15)

Y luego en el versículo 34: "Así como yo los he amado, también ustedes deben amarse los unos a los otros".

Dijimos en la primera oración de este estudio que el Nuevo Testamento es un libro radical. No somos llamados a dar voluntariamente un poco de servicio a regañadientes en esta pequeña e insignificante caridad llamada la iglesia para apaciguar algo de nuestra culpa. Somos llamados a ser inspirados por Jesús para entregar nosotros mismos al igual que él lo hizo entre este cuerpo de creyentes llamado la familia de Dios. ¿Cómo supones que lavó esos pies? ¿Qué comunicaba su lenguaje corporal? ¿Crees que sus discípulos sentían un aire de que "Realmente no quiero estar aquí"? Somos llamados a imitar su corazón y actitud mientras hacemos las cosas que nuestros hermanos y hermanas más necesitan.

Abre los ojos a las necesidades

En un amontonado cuarto lleno de hombres hambrientos que seguramente estaban confundidos con lo que estaba pasando con rapidez a su alrededor, Jesús tenía conciencia de lo que el grupo necesitaba. Para realmente amar, necesitamos orar que Dios nos abra los ojos y nos haga concientes. Perdemos muchas oportunidades de servir y mostrar amor porque nos enfocamos en lo que nos pasó a nosotros (p. ej. "No puedo creer que me hizo eso"), lo que nos está pasando (p. ej. "Tengo tantas cosas que hacer") o lo que nos podría pasar (p. ej. "Podría perder mi empleo").

Tener conciencia de las necesidades de otros muchas veces se presenta en nuestras vidas al grado de encontrar seguridad en Dios. Imagina como la persona que tiene confianza y seguridad de Dios sería liberada de todos los sucesos pasados, presentes y futuros y sería libre para abrir sus ojos y estar conciente de las necesidades de otros.

Justo como había dos grandes mandamientos de los cuales dependían toda la ley y los profetas, fácilmente podemos decir que este es el gran mandamiento del Nuevo Testamento del que depende toda otra exhortación o mandamiento de "los unos a los otros" que vamos a examinar en este libro. Todo lo demás en este libro describe una expresión del amor que debemos tener por otras personas.

¿El amor de Jesús nos toca y nos mueve? ¿Queremos amarnos los unos a los otros como él amaba? ¿Queremos hacer eso, cueste lo que cueste? Sería bueno tomar esta decisión antes de continuar leyendo.

Haciéndolo una realidad

1. ¿Hay algo acerca de servir que encuentres desagradable o repugnante? Sé honesto, y después piensa en ello desde el punto de vista de Jesús.

2. ¿Puedes ver alguna conexión en tu vida entre recibir tu identidad de parte de Dios y amar y servir a otras personas?

3. ¿Cómo puedes tener más conciencia de las necesidades de otros o las necesidades del grupo? ¿Qué vas a hacer cuando tengas esta conciencia?

Aceptándonos unos a otros

Cuanto más tiempo pasamos pensando en nuestras relaciones unos con otros, nos sentimos más impresionados con el tipo de relaciones que el Nuevo Testamento nos llama a tener. Es tan increíblemente práctico. Es como un manual de usuario de las relaciones cristianas. En realidad, es *el* manual de usuario de las relaciones cristianas. ¡Nosotros tenemos que poner en práctica estas verdades! No solamente porque es un mandamiento de Dios, pero también porque realmente funciona.

Dos extremos: juicio y apatía

En nuestra lucha por ser "Cristianos" en nuestro trato con los demás, parece que repetidamente caemos en uno de dos extremos: ya sea un rechazo crítico a cualquier cosa que no sea de "nuestro" parecer, o una aceptación sin restricciones de todo y todos. En Romanos 15, Pablo nos lleva más allá de "palabras bonitas" y nos trae nuevamente a la tierra con: "Por tanto, acéptense mutuamente, así como Cristo los aceptó a ustedes para gloria de Dios" (Romanos 15:7).

En las iglesias que nosotros dos asistimos en nuestra niñez, había una tendencia de lado moralista. Crecimos con una visión bien rígida de lo que estaba bien y mal. Por tanto, la gente era aceptada o rechazada si mantenían ciertas convicciones o creencias. Nosotros casi teníamos una lista de calificaciones. Pasajes como Lucas 7:36-50 en los cuales Jesús acepta el vergonzoso despliegue de la mujer "pecadora" eran un poco difícil para nosotros, ya que tendíamos a sentir un poco más afinidad con la reacción del anfitrión, Simón el fariseo.

Así que para algunos de nosotros, el reto que Pablo nos da es muy revolucionario, especialmente cuando meditamos en la frase "así como Cristo los aceptó a ustedes". ¿Exactamente de qué manera nos aceptó Cristo? Si somos honestos con nosotros mismos, tenemos que admitir que estuvimos y seguimos estando muy lejos de la perfección. En el mejor de los casos, como alguien dijo, cada uno de nosotros somos "un trabajo en progreso", y en realidad no importa cuánto tratemos de llegar al punto de perfección, seguimos siendo un desorden y necesitamos mucha gracia.

Acusado o excusado

Hace muchos años yo (Steve) escuché a alguien decir que hay dos tipos de personas en el mundo: los "acusados" y los "excusados". Eso resonó en mí, quizás porque yo soy definitivamente uno de los acusados. En mi caso, yo tiendo a sentirme culpable y castigarme a mí mismo por mis fallas. Yo batallo, en general, para aceptarme a "mi mismo" como Dios me acepta. Si esto es algo que no entiendes, entonces cabe la posibilidad de que seas uno de los "excusados", quien piensa que todo es culpa de alguien más, excepto de ellos.

Hay algo muy profundo en este tema que nos lleva a entender la naturaleza misma de Dios. Tenemos que entender que el Dios de las Escrituras es un Dios paciente, un Dios que nos soporta, un Padre que anhela que regresemos a la casa, quien corre a encontrarse con nosotros cuando todavía estamos lejos. Nosotros tenemos que recibir su aceptación, para poder brindársela a otros.

Para que la iglesia sea el "cuerpo de Cristo" en esta tierra, nosotros tenemos que interiorizar este aspecto del corazón de Dios. Tenemos que aprender a aceptar como él nos acepta. Tenemos que eliminar hasta la última pizca de las actitudes farisaicas y de crítica que se esconden en nuestros corazones y aprender a aceptar a otros, abrazarlos y darles la bienvenida a nuestras vidas, nuestros hogares y nuestras iglesias.

El texto de Romanos 15:7 nos dice también que este tipo de corazón, esta actitud, esta forma de relacionarse con otras personas tiene un resultado impactante: va a glorificar a Dios.

Esto es algo bueno, pero no es nada fácil.

Quizás todo dentro de ti está gritando que Dios es también un Dios justo que odia la maldad y que muchas veces destruyó gente en el Antiguo Testamento que hacía el mal. Entonces, ¿cómo encaja todo esto?

Convicción y aceptación

De hecho, nosotros acabamos de ver solamente un versículo de una sección entera de la epístola de Romanos, donde precisamente Pablo está tratando con esta pregunta. ¿Cómo reconciliamos convicciones profundas con un nivel igualmente profundo de aceptación?

Comencemos con Romanos 14:1: "Reciban al que es débil en la fe, pero no para entrar en discusiones". Este discurso continúa hasta el capítulo 15 versículo 7. "Por tanto, acéptense mutuamente, así como Cristo los aceptó a ustedes para gloria de Dios".

¿Por qué Pablo tiene que decir esto y para colmo, repetirlo?

¡Porque nosotros tenemos que escucharlo dos veces! En los siguientes versículos, Pablo aplica este concepto a una práctica que estaba poniendo a los hermanos en mucho conflicto. Evidentemente, era una práctica pagana común de sacrificar animales a sus dioses y luego vender la carne que sobraba en el mercado local. Algunos de los hermanos no tenían ningún problema en comerse esta carne, mientras otros sentían horror con sólo contemplar la idea de comer carne que había sido ofrecida a un ídolo. (Vea 1 Corintios 8 y 10:14–33 para más de este tema.)

Lo sorprendente de este pasaje, especialmente para alguien de una educación moralista, es que Pablo no discute quien tenía o no la razón. Es interesante que él sí indica que aquellos de la "fe débil" son los que tenían la convicción de que comerse la carne (sacrificada a ídolos) estaba incorrecto. Tú podrías pensar: "Pero yo creía que quien tiene convicciones de que es bueno y malo, ese es el 'fuerte' espiritualmente". Esto sólo nos demuestra que todavía tenemos mucho que aprender de cómo Dios ve las cosas. Continuemos examinando este tema...

En los versículos 5 y 6 de Romanos 14, Pablo sigue en el discurso tratando de otro problema que confrontaba la iglesia del primer siglo: ¿Es correcto considerar un día como especial en términos de adorar a Dios? (Podríamos dar como ejemplo el día de Navidad o Viernes Santo en nuestra cultura.) Nuevamente Pablo no se enfrasca en quien tiene la razón. En cambio, él se enfoca en el aceptar a otros como hermanos. Al fin y al cabo, el principio central es y siempre será el amor, y lo que Pablo nos está diciendo es que amar significa aceptar a nuestros hermanos "con verrugas y todo".

Respetar las convicciones de otros

Es importante entender que Pablo nos dice en Romanos 14:1 que él está hablando de cosas que son "para entrar en discusiones". Estas no son las cosas que llamamos los siete elementos unificadores de la cristiandad que él nos explica en Efesios 4. A pesar de eso, tenemos que reconocer la importancia de las convicciones profundas, aun cuando estamos hablando de este tema discutible. Mira lo que nos dice en el versículo 5.

> Hay quien considera que un día tiene más importancia que otro, pero hay quien considera iguales todos los días. Cada uno debe estar firme en sus propias opiniones. (Romanos 14:5)

De hecho, Pablo tiene una convicción tan profunda sobre esto que nos dice en el versículo 23 que hacer algo que va en contra de nuestras convicciones es "pecado", aun cuando la convicción está equivocada.

Hay una serie de tremendas preguntas en estos versículos.

- ¿Quién eres tú para juzgar el siervo de otro? (v4)
- ¿Por qué juzgas a tu hermano? (v10)
- ¿Por qué lo menosprecias? (v10)

Tenemos dos batallas básicas los unos con los otros: juzgar y tener prejuicio, que realmente es prejuzgar. En realidad, esto es quizás una sola batalla. Pablo ataca el tema del juicio entre hermanos bastante fuerte aquí, y Santiago trata con el tema del prejuicio en Santiago 2:1–9.

> Hermanos míos, la fe que tienen en nuestro glorioso Señor Jesucristo no debe dar lugar a favoritismos. Supongamos que en el lugar donde se reúnen entra un hombre con anillo de oro y ropa elegante, y entra también un pobre desharrapado. Si atienden bien al que lleva ropa elegante y le dicen: «Siéntese usted aquí, en este lugar cómodo», pero al pobre le dicen: «Quédate ahí de pie» o «Siéntate en el suelo, a mis pies», ¿acaso no hacen discriminación entre ustedes, juzgando con malas intenciones?

> Escuchen, mis queridos hermanos: ¿No ha escogido Dios a los que son pobres según el mundo para que sean ricos en la fe y hereden el reino que prometió a quienes lo aman? ¡Pero ustedes han menospreciado al pobre! ¿No son los ricos quienes los explotan a ustedes y los arrastran ante los tribunales? ¿No son ellos los que blasfeman el buen nombre de aquel a quien ustedes pertenecen?
>
> Hacen muy bien si de veras cumplen la ley suprema de la Escritura: «Ama a tu prójimo como a ti mismo»; pero si muestran algún favoritismo, pecan y son culpables, pues la misma ley los acusa de ser transgresores.

El prejuicio puede estar basado en muchas diferencias, no sólo socioeconómicas como vemos aquí, pero también puede que sean culturales o raciales. Nosotros podemos mirar a nuestro alrededor y celebrar nuestra diversidad social. De hecho, si nosotros individualmente y colectivamente elegimos estar en relaciones que demuestran esta diversidad, debemos sentirnos contentos. Pero esto no significa que ya hemos dominado en todo. Debemos siempre estar alertas a las trampas y continuar trabajando para mejorar nuestras relaciones independientemente del dinero, color o cultura. Esta es la razón por la cual la próxima sección de Romanos 14 es tan poderosa.

> ¡Todos tendremos que comparecer ante el tribunal de Dios! Está escrito:
>
> > «Tan cierto como que yo vivo —dice el Señor—,
> > ante mí se doblará toda rodilla
> > y toda lengua confesará a Dios.»
>
> Así que cada uno de nosotros tendrá que dar cuentas de sí a Dios.

> Por tanto, dejemos de juzgarnos unos a otros. Más bien, propónganse no poner tropiezos ni obstáculos al hermano. (Romanos 14:10b–13)

Pablo nos dice que estas preguntas tienen que ser contestadas tomando en cuenta el día en que todos nos vamos a enfrentar al juicio de Dios. En ese día no va a haber nadie que pueda decir "yo estoy bien" o "tú estas mal". Todos se enfrentarán a Dios. Nada de señalar otros. La perfección de Dios va a ser bastante obvia para todos. Y a la luz de este hecho debemos dejar de "juzgarnos unos a otros", que en realidad es exactamente lo mismo que aceptarse el uno al otro. Y por supuesto no juguemos con la semántica y decir que "no estamos juzgando, sólo estamos dejándoles saber lo que pueden mejorar".

El punto de nuestra discusión aquí no es de enfrascarnos en los puntos teológicos que nos separan, pero de enfocarnos en los aspectos prácticos de cómo podemos aceptar a nuestros hermanos. Pablo lo pone en claro cuando nos dice que tenemos que aceptar a los demás como Cristo nos aceptó.

Claro, hay algo en mi (Steve) que quiere limitar esto, que quiere explicarlo, que quiere poner condiciones y regulaciones. Quizás esto es algo con lo que yo sólo batallo, o quizás tú tienes esta tentación también. Sin embargo, Pablo nos dice que simplemente nos aceptemos. Sin condiciones. Acéptate. Nuestro trabajo es fijarnos en el aceptar. Intentemos enfocarnos en esto y dejar que las otras diferencias se encarguen de sí solas.

Salúdense unos a otros

Una de las maneras en que el Nuevo Testamento ilustra la importancia de este concepto es con el uso frecuente del término "saludar". El saludar parece ser un aspecto bien importante de las relaciones: ocurre más de veinte veces como un mandato y alrededor de sesenta y tres veces en todas sus formas gramaticales. Vamos a limitarnos solamente a ver a los pasajes que mencionan el saludarse unos a otros directamente. De estos pasajes hay cuatro.

- Romanos 16:16: "Salúdense unos a otros con un beso santo. Todas las iglesias de Cristo les mandan saludos".
- 1 Corintios 16:20: "Todos los hermanos les mandan saludos. Salúdense unos a otros con un beso santo".
- 2 Corintios 13:12: "Salúdense unos a otros con un beso santo".
- 1 Pedro 5:14: "Salúdense los unos a los otros con un beso de amor fraternal. Paz a todos ustedes que están en Cristo".

Nosotros daríamos la sugestión de que la importancia del saludar es evidente por la repetición. Quizás la referencia a un beso santo es un poco extraña a aquellos que estén en los Estados Unidos, donde dar la mano (o un abrazo) es costumbre. Nuevamente, el énfasis debe ser en la actitud de corazón a la raíz de la costumbre, lo que vemos en el énfasis en beso "santo" o en el término "fraternal" que nos da Pedro. Saludarse con un beso todavía es costumbre en Europa y en muchas áreas en Latino América.

En realidad, nosotros (Steve y Diana) tuvimos que vivir en Argentina por varios años para acostumbrarnos a esta práctica. Igual como cuando se da la mano, hay varios niveles de calor y aceptación que se puede comunicar con un beso en la mejilla. Cuando vemos la descripción de "santo" usado junto con el modo del saludo, entendemos que los apóstoles se están asegurando de que no haya ninguna posibilidad de pervertir el acto, lo cual puede ser una posibilidad hasta cuando nos abrazamos dentro de la confraternidad.

Cuando pensamos en aceptarnos los unos a los otros, nosotros dos (Steve y Tom) hemos hablado del hecho de que tal aceptación no significa nada ni va a tener ningún tipo de beneficio a menos que la otra persona la sienta. Por ejemplo, José puede que diga: "Yo acepto a Ernesto". Pero si Ernesto no ve o escucha cosas que lo hagan sentir aceptado, continuará con algunas dudas en su corazón.

Quizá esta sea un área donde el acto de saludar y aceptar se conectan. Un saludo cálido puede ser una manera de ayudar a que la otra persona sienta la realidad de nuestra aceptación.

Nosotros no creemos que el tipo de saludo, sea un abrazo, un beso o dar la mano, tenga alguna relevancia. El reto para todos nosotros es que realmente comuniquemos el corazón de amor y aceptación, que basado a en estos textos del Nuevo Testamento, deben ser parte de nuestras interacciones en la iglesia.

Haciéndolo una Realidad

1. ¿De qué manera tu educación social, religioso, etc. afecta tu capacidad de aceptar diferencias en otras personas?

2. ¿Cómo te ves a ti mismo? ¿Crees tú que posees una personalidad más "acusada" o más "excusada"? ¿Cómo te ven otras personas? ¿Cómo afecta esto tu aceptación de otras personas?

3. Identifica dos o tres personas que se te hace difícil aceptar. ¿Te sentirás cómodo en decir: "Dios, júzgame igual como los juzgo a ellos"?

4. ¿Por qué debes dar más énfasis a la calidad de tus saludos?

Perteneciéndonos unos a otros

Al examinar las enseñanzas bíblicas sobre relaciones, su centralidad en el plan de Dios y su base en la Palabra, nos podemos sorprender por la dicotomía entre los estándares de Dios y nuestra experiencia personal. Vemos que las enseñanzas bíblicas sobre relaciones van en contra de la cultura y hasta de cierta forma en contra de la intuición (más de esto adelante). Podemos encontrar todo esto algo abrumador. Los conceptos como "perfectamente unidos en mente y pensamiento" parecen inalcanzables. O "que todos ellos puedan ser uno, Padre, así como tú estás en mí y yo en ti" parece que es otra noble e inaccesible ambición. A lo mejor estás pensando: "Quisiera tener este tipo de relaciones, pero con mi horario, las actividades de los niños y mi salud, ¿cómo voy a hacerlo?".

La otra manera en que hemos encaminado este libro es para llamarnos a llevar a cabo lo que estamos escuchando. Esta idea fue una de las cosas que verdaderamente me impactó cuando yo (Steve) por primera vez me asocié con la comunidad de iglesias de que ahora soy parte. Por mi educación, fui acostumbrado a un fuerte énfasis en las enseñanzas bíblicas, y por eso las enseñanzas sobre las relaciones no era nueva para mí. Lo que me sorprendió fue lo diligentemente que las personas implementaban la enseñanza y lo radicalmente que sus vidas cambiaron. Al ver esto de corazón me convencí.

Pues lo que hemos visto (Tom y Steve) en nuestras vidas es que las iglesias y movimientos pasan por tiempos de pruebas que muchas veces causan que reexaminemos cada aspecto de nuestra fe. Cuando esto pasa, algunos de nosotros tendemos a convertirnos en críticos y sospechosos, y tal vez hasta tengamos una actitud de hastío hacia el que lleva el mensaje y a veces hacia el mensaje mismo. Podemos hacernos menos sensibles y obedientes a lo que la Biblia nos llama hacer. Pero, si no lo aplicamos, la información que recibimos no nos hace ningún bien (vea Santiago 1:22–25).

Pertenecemos los unos a los otros

Nuestro enfoque en este capítulo viene de Romanos 12:5, donde dice: "cada miembro está unido a todos los demás", pero primero vamos a pensar como este versículo se acomoda al contexto de todo el libro de Romanos. El libro es esencialmente una presentación del evangelio, la buena noticia y el poder de Dios para la salvación, según Pablo (Romanos 1:16). En los capítulos 1–3 él nos dice que los no judíos y los judíos, o sea, todos nosotros, estamos perdidos sin esta buena noticia, y Pablo detalla en capítulos subsecuentes como podemos obtener esta salvación por la fe (4–5) por medio del bautismo (6) y con la ayuda del Espíritu de Dios (8). Él describe en los capítulos 9–11 el espinoso tema del rechazo judío del evangelio a la luz del deseo de Dios y su propia pasión de que los judíos sean salvos. Todo llega en una poderosa conclusión en 11:33–36.

> ¡Qué profundas son las riquezas de la sabiduría y del conocimiento de Dios!
> ¡Qué Indescifrables sus juicios

e impenetrables sus caminos!
«¿Quién ha conocido la mente del Señor,
o quién ha sido su consejero?»
«¿Quién le ha dado primero a Dios,
para que luego Dios le pague?»
Porque todas las cosas proceden de él,
y existen por él y para él.
¡A él sea la gloria por siempre! Amén.

Basado en esta estupenda gracia (Romanos 12:1-2), Pablo resume la vida cristiana en términos de ser un sacrificio vivo. Después de declarar esto, Pablo inmediatamente dirige su atención a como funcionamos juntos como parte del cuerpo de Cristo. Muy en contraste con las tantas predicaciones a través de los siglos y de hoy en día, el enfoque en el Nuevo Testamento está principalmente en la naturaleza corpórea de la experiencia cristiana.

Cuidado con el pensamiento egoísta

Pablo empieza por decirnos que pensemos de nosotros juiciosamente ("con moderación" NVI), que no nos creamos más de lo que debemos. Este es el aspecto contra la cultura e intuición que mencionamos antes. Todo en nuestra sociedad y hasta dentro de nosotros grita: "¡Yo soy el primero!" "¡Todo se trata de mí!" Pero Pablo evidentemente vio este tipo de actitud como un problema significativo en nuestras relaciones, y él lo mencionó primero.

Entonces, ¿qué piensas? ¿Cómo suena nuestro pensamiento independiente o enfocado en nosotros mismos?

- "Asistiré si me conviene".
- "Estoy demasiado ocupado".

- "No me siento conectado al grupo".
- "No puedo darme el lujo de entregar mucho de mi tiempo".

¿Cómo nos puede afectar esta forma de pensar? Primero, no funcionamos como parte de la iglesia. Y segundo, no utilizamos nuestros talentos para la iglesia de los que Pablo específicamente habla aquí. Los tomamos y los utilizamos para nuestro beneficio y ganancia personal. Pablo escoge una de sus analogías favoritas para ayudarnos a comprender esto: la iglesia como un cuerpo. De hecho, en su primera carta a los corintios entra en mucho más detalle para explicar esa analogía, a lo mejor por la inmadurez de la iglesia de los corintios. Miremos algunas de las partes más pertinentes de 1 Corintios.

> 12–13a: De hecho, aunque el cuerpo es uno solo, tiene muchos miembros, y todos los miembros, no obstante ser muchos, forman un solo cuerpo. Así sucede con Cristo. Todos fuimos bautizados por un solo Espíritu para constituir un solo cuerpo —ya seamos judíos o gentiles, esclavos o libres—, y a todos se nos dio a beber de un mismo Espíritu.
>
> 19–27: Si todos ellos fueran un solo miembro, ¿qué sería del cuerpo? Lo cierto es que hay muchos miembros, pero el cuerpo es uno solo.
>
> El ojo no puede decirle a la mano: «No te necesito.» Ni puede la cabeza decirles a los pies: «No los necesito.» Al contrario, los miembros del cuerpo que parecen más débiles son indispensables, y a los que nos parecen menos honrosos los tratamos con honra especial. Y se les trata con especial modestia a los miembros que nos parecen menos presentables, mientras que los más presentables no requieren trato especial. Así Dios ha dispuesto los miembros de nuestro cuerpo, dando mayor honra a los que menos tenían, a fin

de que no haya división en el cuerpo, sino que sus miembros se preocupen por igual unos por otros. Si uno de los miembros sufre, los demás comparten su sufrimiento; y si uno de ellos recibe honor, los demás se alegran con él.

Ahora bien, ustedes son el cuerpo de Cristo, y cada uno es miembro de ese cuerpo.

Esto es un pasaje muy instructivo y debe ayudarnos a comprender los puntos principales de este capítulo: pertenecemos los unos a los otros, estamos conectados y no se trata de mí. ¡Se trata de nosotros! La verdad es que no podemos funcionar como Dios quiere sin los unos a los otros.

Miembros del uno al otro

Mirando los versículos 4 y 5 de Romanos 12, vemos también que hay muchas partes, muchas funciones y muchos miembros, pero todos en un cuerpo. Pablo nos llama a ser miembros los unos de los otros (Reina-Valera 1960) o como dice en el NVI: "cada miembro está unido a todos los demás". Yo estoy unido a ti. Tú estas unido a mí. Estamos unidos el uno al otro.

Tu función en el cuerpo es determinada por: (1) la medida de fe que Dios te ha dado y (2) los dones que Dios te ha dado. ¿Qué significa "la medida de fe"? Hay dos formas de ver esto: subjetivamente (es decir, mi función en el cuerpo es de acuerdo con mi cantidad de fe personal) u objetivamente (es decir, mi función en el cuerpo depende solamente de mi nivel de confianza en que me utiliza Dios). No existe gran diferencia en cómo cada una resulta en la vida diaria, porque debemos confiar en Dios para que nos utilice, y solamente nos limitamos por nuestra fe para que él lo haga.

¿Crees que Dios te puso aquí y te dio exactamente las cosas

necesarias para que tú logres en la iglesia lo que él pretende? Según el texto, los dones están basados en la gracia. En otras palabras, no hemos hecho nada para merecerlos o ganarlos, o ni para afirmar que son solamente nuestros. Porque estamos unidos al cuerpo, los dones que tenemos pertenecen al cuerpo también.

En los versículos 6–8 una variedad de dones son mencionados: profetizar, servir, enseñar, animar, dar ("socorrer a los necesitados"), dirigir y mostrar compasión. Por años ha habido mucha discusión sobre la naturaleza de los dones, hasta que grado Pablo está hablando de "dones espirituales" que fueron limitados al primer siglo y si algunos dones continúan funcionando más como talentos o habilidades. No ahondaremos en un estudio sobre los dones espirituales porque va más allá de nuestro tema. Lo que sí podemos saber es que Dios ha regalado a cada uno de nosotros formas en que podemos edificar el cuerpo.

Es interesante que Gene Getz en su libro *Building Up One Another* (reforzándonos los unos a los otros) indica que en ninguna parte del Nuevo Testamento dice que debemos "buscar" o "tratar de descubrir" nuestros dones[1]. Él comparte que por años enseñó y animó a los miembros de su iglesia a enfocarse en la idea de un ministerio basado en los dones. Se encontró que, en lugar de producir la función del cuerpo de que Pablo está hablando aquí, el enfocarse en descubrir los dones creó frustración en los cristianos maduros que parecían incapaces de identificar sus dones y produjo la fijación en las personas que estaban decididas a utilizar sus dones en la exclusión de todo lo demás, o incluso en el detrimento de los otros miembros. Encontró que al centrarse en ayudar a las personas a madurar, o sea, a usar sus puntos fuertes y al mismo tiempo a trabajar en sus debilidades, mayor unidad y madurez se desarrolló en la iglesia.

De todos modos, la enseñanza de Pablo se dirige a cómo utilizar los dones, no como averiguar lo que son. He aquí de nuevo nuestro punto: tenemos que centrarnos en ser parte del cuerpo, ser un miembro, pertenecer. ¿Qué puedes hacer hoy para expresar que perteneces al cuerpo y ayudar a alguien a sentirse que pertenece también?

La enseñanza de Pablo en Romanos sobre las relaciones no se limita al capítulo 12, sino que continúa durante el resto del libro. Creo que es de especial interés ver en este contexto la fuerza del lenguaje de Pablo en Romanos 15:1-2.

> Los fuertes en la fe debemos apoyar a los débiles, en vez de hacer lo que nos agrada. Cada uno debe agradar al prójimo para su bien, con el fin de edificarlo.

Aunque el NVI utiliza la palabra "debemos", la Biblia estándar cristiano de Holman utiliza una expresión en inglés más fuerte, que se traduce "tenemos la obligación de". ¿Por qué? Se remonta a la esencia de lo que estamos hablando: que pertenecemos los unos a los otros. Somos miembros los unos de los otros. Y eso implica obligación. Significa que no buscamos agradar a nosotros mismos, sino más bien agradar a nuestro vecino (15:2-3). Este es el ejemplo que Jesús nos puso.

"Agradar" aquí no está en el contexto de satisfacer un capricho, sino en el contexto de ayudar a otros a que les vaya bien espiritualmente. Pablo está hablando de los débiles y los fuertes y está hablando de cosas que causarían que tu hermano tropiece, que podrían hacerle daño espiritual. Obviamente, podemos sacar esto del contexto y utilizarlo mal para que la gente haga todo tipo de cosas por nosotros. Eso no fue el punto de Pablo. Él está discutiendo la obligación mutua de los unos a los otros.

Para terminar, queremos volver a algo que todos hemos

experimentado en algún momento u otro: queremos sentir que pertenecemos, que somos parte de algo. Dios ha diseñado la iglesia, su cuerpo, para satisfacer esa necesidad.

Esta es nuestra actitud: "¡Gracias, Dios! ¡Gracias, iglesia! Yo te necesito. Tú me necesitas. Nos necesitamos".

Haciéndolo una realidad

1. ¿Estás funcionando como parte de una congregación local de cristianos? ¿Cómo? ¿En qué contribuyes al trabajo diario de tu iglesia?

2. ¿Cómo ves tu necesidad de conectarte?

3. ¿Cómo afecta la manera en que te ves a ti mismo a la forma en que interactúas en la confraternidad? ¿Qué puedes hacer para mejorar?

4. ¿Quién en el cuerpo está involucrado en tu vida? Tómate el tiempo para expresarles lo mucho que aprecias y cuánto los necesitas.

Enseñándonos y amonestándonos unos a otros

Una de las características únicas en las relaciones cristianas es el aspecto de tener responsabilidad por otra persona. Como casi en todo, esto se puede llevar a un extremo que no es sano, pero no hay duda, basándonos en las Escrituras, que Dios pretendía que nosotros estuviésemos concientes de las vidas y necesidades de otros y fuésemos responsables de darles retroalimentación, consejo y guía. Y por supuesto, esperásemos lo mismo de ellos para con nosotros.

Dos extremos

Permítenos dirigirnos a dos problemas que pueden ser la causa de que algunos de nosotros dudemos en este momento. Primero, para aquellos de nosotros que fuimos criados con el concepto "No te metas en lo que no te corresponde" o que hemos gravitado (hemos estado atraídos) hacia este punto de vista por la comodidad que ofrece, debemos de estar preparados para que Dios transforme nuestra forma de pensar. Al seguir el plan de Dios, ninguno de nosotros se convertirá en un entrometido, interfiriendo de forma ofensiva en la vida de los demás (2 Tesalonicenses 3:11, 1 Timoteo 5:13). Sin embargo, veremos que ofrecer guía, instrucción, avisos, advertencias y ocasionalmente algo aún más fuerte, es todo parte de ser fiel en nuestras relaciones.

Segundo, existen aquellos quienes aparentan saber una

escritura mejor que cualquier otra: "no juzguéis, para que no seáis juzgados" (Mateo 7:1, Reina-Valera Antigua). Muy a menudo, esta orden se toma como un mandamiento que abarca todo para que no nos involucremos en los asuntos de otros. Es interesante para nosotros que las personas que hacen referencia a este versículo aún siguen juzgando mucho. Sin embargo, no comparten sus pensamientos con las personas a las que juzgan; sólo los comparten con otros.

En el contexto del pasaje, Jesús está condenando el juzgar de forma moralista, en donde no estamos dispuestos a examinar los pecados en nuestras propias vidas, pero queremos señalar los errores en las vidas de otros. Llega hasta al punto de decirnos como podemos manejar nuestras observaciones de los demás en una forma que nos permite ayudar a nuestro hermano con los problemas en su vida.

Lo que veremos en este capítulo es que debemos preocuparnos lo suficiente los unos por los otros para ayudarnos cada uno a crecer. Aun así, veremos lo que sospechamos es el más olvidado de todos los conceptos de "los unos a los otros", aun entre confraternidades comprometidas con las relaciones de los unos a los otros. Nosotros dos somos parte de una iglesia tal y nos consta que este es el caso nuestro. Suponemos que las aplicaciones de los versículos de "los unos a los otros" de las que hablaremos en este capítulo están entre las más temidas por incluso hasta los discípulos comprometidos.

Mientras vemos el Nuevo Testamento, veremos que dentro del cuerpo de Cristo no hay un punto de vista de "viva y deje vivir", y aun así, muchos de nosotros tememos desafiar esta regla cultural que se cree en todas partes. A la vez, algunos de nosotros nos sentiremos renuentes con respecto al contenido de este capítulo porque hemos visto algunas de estas ideas ser abusadas, y permitimos que el peligro de su abuso nos aleje por completo. Sin embargo, ya que es de suma importancia que practiquemos todos los aspectos del involucrarnos unos con otros, recolectemos nuestra fe, oremos pidiendo valor, preparémonos para cambiar y adentrémonos para ver qué es lo que las Escrituras nos dicen acerca de enseñarnos y amonestarnos los unos a los otros.

Enseñándonos los unos a los otros

A los cristianos de Colosas Pablo escribió estas palabras:

> Que la palabra de Cristo habite en abundancia en vosotros, con toda sabiduría enseñándoos y amonestándoos unos a otros con salmos, himnos y canciones espirituales, cantando a Dios con acción de gracias en vuestros corazones. (Colosenses 3:16 La Biblia de las Américas)

La palabra que se traduce como "enseñándoos" es la palabra *didasko*. Su significado es algo sencillo y no ambiguo. Significa "dar instrucción, impartir información o sabiduría". Puede ser usada, tal como se usa hoy en día, en los negocios, la filosofía, la espiritualidad, las artes y docenas de otras áreas. Un padre puede que enseñe a un hijo a cocinar, a pescar, a administrar dinero. Un instructor puede enseñarte a tocar la guitarra. Un entrenador puede enseñarte como hacer un gol.

En este contexto, está claro que los cristianos deben enseñarse los unos a los otros esas cosas que resulten en el desarrollo y crecimiento espiritual. Uno puede enseñar a otro a como estudiar la Biblia o como orar. Puede que seamos guiados y enseñados a compartir nuestra fe más efectivamente. Puede que enseñemos o se nos enseñe principios para vencer la tentación y los pecados dominantes. Pensando en el tema de este libro, puede que le enseñes a alguien como relacionarse en forma santa. La lista de posibilidades no tiene fin. A menudo la enseñanza es informal. Puede que simplemente le pasemos a alguien algo que hemos aprendido recientemente en nuestro estudio de la Biblia que creemos que le ayudará también.

En este pasaje hay un prerrequisito para esta enseñanza: el que está enseñando debe primero dejar a la palabra de Dios habitar en abundancia en él o ella. Lo que debemos de estar enseñando no es simplemente nuestra opinión sino lo que hemos ganado por medio de la inmersión en la palabra de Cristo.

Hay un momento para compartir algo aprendido por experiencia, pero la base real de nuestra enseñanza debe ser la palabra de Cristo. Las últimas palabras de Jesús en el evangelio de Mateo contienen el mandamiento de enseñar a otros todo lo que él había mandado. Ninguno de nosotros estará preparado para enseñar a otro al llenarse con el más reciente parloteo psicológico de la tele de la tarde o la perspectiva de autoayuda de una revista popular. Estaremos preparados para enseñar a otros estando primero llenos con la palabra de Cristo. Puede que no seas reconocido como uno de los "maestros" dentro de la iglesia quienes sirven junto con los ancianos y evangelistas, pero en otro sentido, todos somos maestros. Enseñar debe ser parte de lo que hacemos unos con otros. Nosotros dos somos reconocidos como maestros en nuestra congregación, pero a menudo nos encontramos enseñados por otros que pueden incluso ser nuevos cristianos.

Amonestándonos los unos a los otros

La segunda palabra que se usa aquí, traducida como "amonestándoos", es la palabra griega *noutheteo*. Amonestar significa (1) hacer presente algo para que se considere, procure o evite (2) advertir, prevenir, reprender. *Noutheteo* significa advertir o aconsejar siempre con el bien de la otra persona en mente. El amonestar no es reprobar fuerte, aunque eventualmente eso sea necesario. Es utilizada en los escritos de Platón para describir a Sócrates llevando al lado a uno de sus estudiantes y cuidadosamente dándole consejo preventivo que él cree lo alejará de cometer ciertos errores.

Noutheteo se utiliza frecuentemente en el Nuevo Testamento y describe una forma significativa en que los cristianos deben involucrarse los unos con los otros. Pablo le dice a los ancianos efesios:

> Por tanto, estad alerta, recordando que por tres años, de noche y de día, no cesé de amonestar a cada uno con lágrimas. (Hechos 20:31, La Biblia de las Américas)

Escribió a los colosenses:

> A El nosotros proclamamos, amonestando a todos los hombres, y enseñando a todos los hombres con toda sabiduría, a fin de poder presentar a todo hombre perfecto en Cristo. (Colosenses 1:28, La Biblia de las Américas)

Pero Pablo muestra claramente en Romanos que esta práctica no es algo sólo para líderes.

> En cuanto a vosotros, hermanos míos, yo mismo estoy también convencido de que vosotros estáis llenos de bondad, llenos de todo conocimiento y capaces también de amonestaros los unos a los otros. (Romanos 15:14, La Biblia de las Américas)

Ilustrando la variedad de retroalimentación que debemos dar los unos a los otros, Pablo escribió a los tesalónicos:

> Y os exhortamos, hermanos, a que amonestéis a los indisciplinados, animéis a los desalentados, sostengáis a los débiles y seáis pacientes con todos. (1 Tesalonicenses 5:14, La Biblia de las Américas)

Cuando yo (Tom) veo los significados de *noutheteo*, pienso en otra palabra que usamos más a menudo que *amonestar* y esa es la palabra *entrenador*, alguien que entrena o da consejo o instrucción. No es poco común hoy en día encontrar personas quienes le pagan a alguien más para que sean su "entrenador de vida". Existe hasta una International Federation of Life Coaches ("federación internacional de entrenadores de vida"). En el cuerpo de Cristo deberíamos relacionarnos con un número de personas que pueden darnos entrenamiento de vida en varias áreas. Pero igualmente importante, debemos darnos cuenta que podemos dar a otras personas entrenamiento cuando veamos la necesidad.

Hablando la verdad con amor

Este probablemente sea un buen momento para presentar otro texto que no usa la palabra *noutheteo*, pero ciertamente tiene la misma idea.

A los efesios Pablo escribió:

> Sino que hablando la verdad en amor, crezcamos en todos los aspectos en aquel que es la cabeza, es decir, Cristo. (Efesios 4:15, La Biblia de las Américas)

Realmente esto es el amonestar o entrenar bien: decir la verdad a alguien pero no ásperamente o sin pensar en su bienestar. Pablo dice que necesitamos esta práctica en nuestras relaciones unos con otros para que podamos crecer, es decir, madurar y desarrollar, en Cristo. En otras palabras, esta práctica nos ayudará a cambiar, a ser transformados.

Para hacer esto práctico, demos una mirada a algunos ejemplos, dándonos cuenta de que casi cualquier área de la vida puede convertirse en tema de este tipo de consejo, asesoramiento o advertencia. Quizás observes a un hermano quien no está participando en la confraternidad, o sea, la vida común. Aparenta mantenerse aislado. Puede que notes que alguien es insensible o está enfocado en sí mismo. Tal vez una hermana se ve dominada por actitudes negativas y criticas. En algunos casos puedes ver que alguien se complace excesivamente en la comida o la bebida o algo más. En otros casos puedes ver a alguien que es demasiado serio y nadie se puede relacionar con él. En este último caso, no es que haya pecado. Solo necesita algo de entrenamiento en como aligerarse y divertirse. Ten cuidado: puede que no seas la mejor persona para hablar con alguien. (Vea la pregunta 1 en la próxima sección para que obtengas más guía en este punto).

Puede que sepamos de alguien quien está aceptando un trabajo donde podría ser sujeto de algunas tentaciones fuertes y nuevas. Conociendo algunas de sus debilidades, puede que sea muy necesario que tengamos una plática con él en la cual le demos unos consejos y advertencias. No vamos a tomar la decisión por él. Eso permanece siendo de él.

De conversaciones con alguien, puede que veas que el tiempo invertido en estudio bíblico y oración ha sido marginado.

Al estar escribiendo esto, yo (Tom) estoy viendo la necesidad de hablar con un hombre acerca de su tendencia a dominar las reuniones de grupo y no animar a otros o incluirlos. Para cuando leas esto, habré tenido esa conversación. Ojalá que esto te aclare la idea.

Para aquellos de nosotros que queremos ser más como Cristo, existe una casi interminable lista de cosas de las que podemos beneficiarnos por haber recibido alimentación espiritual.

No damos esta alimentación para juzgarnos los unos a los otros sino para ayudarnos a ser transformados. Y cualquier alimentación que demos debe ser en respuesta a y en armonía con la convicción del Espíritu dentro de nosotros. (Vea el apéndice 2 en donde hay más pensamientos acerca del trabajo del Espíritu en nuestras relaciones).

VARIAS PREGUNTAS

1. ¿Quién puede amonestar o entrenar a alguien mejor?

Una persona con una relación cercana se encuentra a menudo en la mejor posición, pero en algunos casos, esa persona puede que no tenga tanta credibilidad para tocar cierta área como alguien más. Es crucial que quien sea que dé la alimentación sea una persona con humildad y que demuestre en su vida un deseo genuino de este tipo de entrenamiento y ayuda. Recuerde donde empezamos en este capítulo: la credencial numero uno es alguien que está permitiendo a la palabra de Cristo habitar abundantemente dentro de él.

2. ¿Cuál es el fin de esto?

Quizá sería bueno decir primero lo que no es el fin. (1) No es hacer que la persona que da la amonestación se vea bien o que la persona que la recibe se vea mal. (2) No es obtener posición de autoridad o superioridad. (3) No es el forzar a alguien a hacer algo que no quiere hacer. (4) No es avergonzar a alguien. (5) No es mantener a la gente en raya. Nada de lo anterior sería cierto de una relación conducida de acuerdo con la gracia de Dios.

El fin, de manera simple, es ayudar a otra persona a crecer y cambiar y a ser transformada más plenamente a imagen de Cristo. Tal crecimiento será para su beneficio y para el beneficio de aquellos a su alrededor. Fortalecerá el cuerpo de Cristo.

3. ¿Cómo la enseñanza y la amonestación traen crecimiento?

Primero, provoca a aquellos que lo hacemos a examinarnos a nosotros mismos más cuidadosamente. Pregúntale a algunos padres que tanto más cuidadosamente vigilaban sus propias vidas cuando empezaron a dar instrucción a sus hijos. "Haz lo que digo, no lo que hago" es una manera muy inefectiva.

Segundo, lleva a las relaciones a ser más profundas. Cuando enseñamos y nos amonestamos los unos a los otros, estamos llegando a los problemas reales, no solamente siendo compañeros. Le hace saber a las personas que realmente nos preocupan y que estamos dispuestos hasta de tomar unos riesgos por ellos.

Finalmente, ayuda mucho a las personas a prestar atención a problemas importantes en sus vidas y ver que hay otros que quieren ayudarles a hacer cambios. Cuando se combina con otras cosas que describimos en este libro, se ven cambios reales en las vidas de las personas.

4. ¿Cuándo puede funcionar esto?

Para contestar esto, digamos primero que existe un corolario de este principio. (Un corolario es una proposición que se deduce fácilmente de lo demostrado antes.) Si Dios pretende que las personas me enseñen y amonesten, entonces eso significa que también pretende que yo esté agradecido por aquellos que lo hacen y que yo reciba lo que me dan. Y allí tenemos la respuesta.

Esto funciona y cambia vidas cuando estamos ansiosos por escuchar, aprender y cambiar. Así que cada vez que leemos en las Escrituras que debemos amonestarnos los unos a los otros, debemos también ver que a la vez es un llamado a estar ansiosos por recibir tal amonestación, entrenamiento, consejo e instrucción.

La última vez que yo (Tom) enseñé este tema le dí a mi audiencia esta tarea:

Confesando nuestros pecados unos a otros

Mientras que la idea de enseñar y amonestar a otros puede asustarnos, muchos de nosotros nos congelamos al pensar en confesar pecados a otras personas. Iremos a través de una serie de evasiones mentales para tratar de razonar porque no necesitamos hacerlo. Estamos tan adaptados a esta evasión que al final podemos convencernos de que realmente es para el beneficio de otros el que no lo hagamos. Tratando de evadir esta necesidad o práctica, tontamente intentamos de escapar de algo que es bueno, saludable, y sobre todo, de acuerdo con todo el mensaje del evangelio. Si te cuesta confesar tus pecados, este capítulo podría ser el más liberador en el libro.

Aunque no hubiera un llamado específico a las personas a que se confiesan, todo el tenor de las Escrituras nos llevaría en esa dirección.

- El frecuente énfasis en la humildad nos traería a ese punto.
- La enseñanza que veremos en el siguiente capítulo acerca de llevar la carga (de pecado) de los unos a los otros es mucho más fácil de hacer posible con la confesión y la franqueza.
- La primera de las Bienaventuranzas: "Dichosos los pobres en espíritu" (Mateo 5:3), nos llama a abandonar toda pretensión y a ser más abiertos sobre nuestra necesidad.

- El mensaje central del discipulado, de negarnos a nosotros mismos y cargar nuestra cruz, es esquivada cuando ocultamos nuestro pecado y de manera egoísta protegemos una identidad que no es real.
- Todas estas se pueden sumar junto con el tema del capítulo 2 de este libro: conducir nuestras relaciones, no según la sabiduría del mundo, pero según la gracia de Dios. La sabiduría del mundo nos dice que ocultemos nuestro pecado; la gracia de Dios nos libera de la necesidad de la decepción.

Con un entendimiento tal de como un seguidor de Cristo debe ser, no sorprende, entonces, que haya declaraciones claras y sencillas acerca de como la confesión se necesita en nuestras relaciones. Considere primero Santiago 5:13-16.

> ¿Está afligido alguno entre ustedes? Que ore. ¿Está alguno de buen ánimo? Que cante alabanzas. ¿Está enfermo alguno de ustedes? Haga llamar a los ancianos de la iglesia para que oren por él y lo unjan con aceite en el nombre del Señor. La oración de fe sanará al enfermo y el Señor lo levantará. Y si ha pecado, su pecado se le perdonará. Por eso, confiésense unos a otros sus pecados, y oren unos por otros, para que sean sanados. La oración del justo es poderosa y eficaz.

Lo que se concibe aquí es una comunidad de creyentes. Dentro de esta confraternidad uno encuentra problemas, oración, felicidad, cantos, enfermedades, más oración, confesión de pecado y más oración. Así como el compartir nuestras penas y alegrías será parte de nuestra confraternidad, así también será la confesión del pecado. Todo esto es lo que lo mantiene vivo, y la confesión del pecado es lo que nos lleva a una mayor profundidad. Esa es la imagen de gente conociendo y siendo conocida, sin duplicidad, sin escondites, sin falsedades.

El final del versículo 16 es frecuentemente citado: "La oración del justo es ponderosa y eficaz". Pero según las Escrituras, ¿quién es una persona justa? ¿No es la que no oculta el pecado pero lo confiesa y lo renuncia (Proverbios 28:13)? ¿No es la que confiesa el pecado abiertamente ante otros y dice: "Oh Dios, ten compasión de mi, que soy pecador" (Lucas 18:13)? De hecho, ¿no es la que va a casa justificado ante Dios (Lucas 18:14)? ¿No es la persona en Santiago 5 que confiesa sus pecados a otro y pide a otros sus oraciones, la misma que ya puede orar poderosa y efectivamente?

Gemelos siameses de fraternidad

Considere un segundo pasaje en 1 Juan.

> Pero si *vivimos en la luz*, así como él está en la luz, tenemos comunión unos con otros, y la sangre de su Hijo Jesucristo nos limpia de todo pecado.
>
> Si afirmamos que no tenemos pecado, nos engañamos a nosotros mismos y no tenemos la verdad. Si *confesamos nuestros pecados*, Dios, que es fiel y justo, nos los perdonará y nos limpiará de toda maldad. Si afirmamos que no hemos pecado, lo hacemos pasar por mentiroso y su palabra no habita en nosotros. (1 Juan 1:7–10 énfasis agregado)

Como se menciona en el capítulo 1, yo (Tom) leí hace 30 años la sugerencia que debemos pensar en los versículos 7 y 9 como los gemelos siameses de 1 Juan. En el versículo 7 vivir "en la luz" es ser abierto con tu vida, a no ocultar nada en los pliegues de tu capa. Tal franqueza nos trae purificación por medio de la sangre de Jesús. Repito, aquellos quienes no ocultan nada son hechos justos.

En el versículo 9 tenemos la misma idea con diferentes palabras. Si nosotros "confesamos nuestros pecados" somos purificados de toda injusticia. Caminar en la luz y confesar los pecados significan lo mismo, así que ambos nos dirigen al mismo resultado: ser hechos justos. Así que no sólo son los versículos 7 y 9 paralelos, estos también son paralelos a Santiago 5:16. Esto es interesante en vista de cómo, fuera de esto, estas dos cartas son dramáticamente diferentes en estilo y enfoque.

Pero nota algo importante en el versículo 7: este vivir en la luz los unos con los otros nos lleva a la confraternidad (*koinonia*) uno con el otro. En otras palabras, hacer la voluntad de Dios en tus relaciones hará que esas relaciones sean aun más profundas. ¿No te ha pasado esto?

Mi esposa (Tom escribiendo aquí) recientemente regresó a casa después de pasar un tiempo con un grupo pequeño de mujeres. Durante la cena ella compartió con ellas sobre algunas cosas que había aprendido recientemente acerca de sí misma. Ella caminó en la luz con ellas, o sea que ella confesó su pecado. Probablemente no tienes que adivinar el resultado. Ellas tuvieron una confraternidad a nivel del corazón las unas a las otras a medida que las otras también se abrieron. Ella regresó a casa con un resplandor.

Mucho antes de esa noche ella había tomado en serio el llamado de Dios para que ella construyera relaciones con estas cristianas. Pero una vez en estas relaciones, ella practicó la transparencia que estamos discutiendo. Ella tuvo que humillarse a sí misma (y morir para sí misma) para hacerlo, pero ella vivió la vida en el bautismo, y Dios dio resurrección.

Siempre siento un poco de pena por las personas que tratan de argumentar que no tenemos que confesarnos el uno al otro, pero sólo a Dios o sólo a un sacerdote detrás de una cortina. Siento pena por ellos porque ellos están huyendo de algo que puede darles una mayor libertad y permitirles disfrutar una confraternidad más profunda. La mayoría de la gente con una mentalidad "espiritual" o "cristiana" cree en algún tipo de confesión, pero si la confesión que empleas no te brinda una confraternidad mayor y una transformación, ¿es posible que no sea lo que encontramos aquí en 1 Juan?

Lecciones vitales

Viendo los dos pasajes de Santiago y de 1 Juan juntos, pensemos en algunas lecciones que pueden ser aprendidas.

1. El pecado sigue siendo una realidad, aun en Cristo. Todos sabemos esto por experiencia, pero nosotros también lo vemos claramente afirmado en la Escritura. Este es un libro acerca de las relaciones transformadoras, no las relaciones perfectas. Muchos de nosotros podemos ver maneras en las que Dios ha usado una relación para transformarnos y moldearnos, aunque hubiera pecado en esa relación, y a veces errores, decepciones y fallas. Todos los que buscan estar involucrados en las relaciones que estamos describiendo aquí se encontrarán a sí mismos en ambos lados de tales cosas: pecar y que pequen en contra de uno.

2. Cristo nos ha liberado para ser nosotros mismos. Nosotros admitimos nuestra perdición. Hemos nacido en la familia de Dios. Somos de él. Fuimos bautizados en el nombre del Padre, del Hijo y del Espíritu Santo. Esa es nuestra identidad. Llevamos el nombre de Dios. Ya no tenemos que probar

nada más. Ya no tenemos que fingir u ocultar. Es posible que nos cueste andar en la luz, particularmente con algunas cosas, pero el amor de Cristo nos recuerda y nos tranquiliza.

3. No debemos sorprendernos o desilusionarnos cuando alguien se confiesa. Habiendo dicho eso, sé que habrá tiempos que nos toman desprevenidos. Tal vez hemos dado por sentado que cierta persona nunca haría esto o aquello, y viene como una patada en el estomago cuando escuchamos ciertas confesiones. Pero si vamos a tener una confraternidad donde las personas se sienten animadas a andar en la luz, todos debemos esforzarnos a no reaccionar cuando encontremos que alguien de nuestros compañeros en pecado ha pecado.

Una aturdida confesión se convierte en un momento de la verdad para nosotros. ¿Vamos a menospreciar a otros de la forma en que el fariseo injustificado e injusto hizo en la parábola de Jesús (Lucas 18)? ¿Revelaremos en ese momento que somos más injustos que la persona que se ha confesado con nosotros...pero no tan humilde como ellos para admitirlo? ¿O veremos que todos somos capaces de cosas malas y que estamos en la necesitad de la gracia?

4. Entre más pronto caminemos en la luz es mejor. Cuando algo que hay que hacer es correcto, más vale temprano que tarde es casi siempre el mejor consejo. Entre más se mantenga oculto algo, más tienen tiempo para trabajar los demonios de la oscuridad.

Mientras estuvimos trabajando en este libro, yo estaba en el teléfono con Steve hablando acerca de algo que no estaba relacionado con el libro. Él me dijo algo que me irritó (algo que por cierto no es normal en él). Respondí de una manera bastante impaciente a su pregunta. Intercambiamos algunas pocas frases torpes, y entonces le dije que quería volver a la reacción que tuve y pedirle disculpas. Él libremente me las dio.

¿Qué hubiera pasado si hubiera esperado? Podría haber pospuesto eso una y otra vez mientras se hizo más y más difícil sacar el tema de nuevo. Eventualmente, tal vez me hubiera olvidado de eso, pero algo en mí y en nuestra relación no habría sido sanado. Nuestra confraternidad hubiera sufrido.

A este punto permíteme decir que demasiados hermanos en Cristo quienes son capturados en una trampa y ciclo de lujuria y pornografía sufren porque ellos no llegan de manera rápida a caminar en la luz. Si esta es tu situación, reúnete con alguien que te ayudará de verdad, y saca todo a la luz.

VARIAS PREGUNTAS

Usualmente este tema de confesión nos trae una lista de preguntas. Veamos algunas.

1. Ni Santiago ni Juan mencionan arrepentimiento. ¿Y si el arrepentimiento no está en el corazón de una persona?

Vemos tres cosas a decir sobre esto.

(a) La confesión nunca está hecha de humildad si esta no implica arrepentimiento. Una persona puede actuar apenada, pero sin el arrepentimiento, que muestra humildad hacia Dios y hacia otros, siente la tristeza del mundo. Hay tradiciones religiosas que han reforzado la idea de que la confesión por sí sola es válida, pero uno no tiene que venir de una de esas tradiciones para pensar de esta manera. He conocido personas que parecen sentirse más espirituales si están confesándose, mientras al mismo tiempo ellos no muestran ningún fruto de arrepentimiento. Ellos sólo se engañan a sí mismos. La confesión sin arrepentimiento está en la misma categoría de la fe sin acción: es inútil.

(b) La confesión se enfoca en uno mismo y no en Dios si esta no es para complacerlo. Sin arrepentimiento, la confesión se hace por alguna razón que sirve a uno mismo (por ejemplo, para ganar simpatía, para aparentar ser abierto, para evitar una acusación de hipocresía). Esto no se hace por pasión a Dios y como respuesta a la cruz.

(c) La confesión de un pecado debe implicar abandono de ese pecado. Esto se indica claramente en Proverbios 28:13: "Quien encubre su pecado jamás prospera; quien lo confiesa y lo deja, halla perdón". Lo opuesto a ocultar el pecado es confesar y abandonar los pecados. Santiago y Juan habrían estado de acuerdo con Pablo en su concepto del arrepentimiento como Jesús les enseño a todos ellos.

En nuestras relaciones los unos con los otros, escuchar la confesión de alguien debe ser visto como el primer paso. Ayudarlos a formar un plan de abandonar el pecado es el segundo paso. Especialmente con patrones de pecado de larga duración, podríamos permitir a otra persona mantenerse en su pecado si nosotros no les hacemos preguntas y les ayudamos a pensar en un plan de acción. Orar con ellos sería el tercer paso, y dar un seguimiento con ánimo sería el cuarto paso.

2. ¿Cuál es el poder de la confesión?

En ciertas formas la respuesta es un repaso de cosas que ya hemos notado. Pero no omitas esto. Tenemos algunos nuevos puntos.

(a) La confesión es poderosa porque nos trae el perdón de los pecados y nos purifica de toda injusticia (1 Juan 1:7 y 9). Abriendo nuestras vidas a la luz de Dios nos trae un poder que nos limpia. En griego el verbo que se traduce como "limpiar" está en presente continuo, es decir, su sangre nos sigue manteniendo limpios (piensa en la acción continua de un limpiaparabrisas quitando la lluvia). Estos versículos hablan de perdón y limpieza. Dios está haciendo más que perdonar; él esta transformándonos. Ese trabajo de transformación muchas veces es llevado a cabo por nuestras relaciones. Una vez que nos hemos humillado ante otro y le hacemos saber nuestro verdadero ser, la puerta se nos abre para que esa relación nos anime a hacer algunos cambios.

(b) La confesión nos trae confraternidad con Dios y con nuestros hermanos y hermanas (1 Juan 1:7–9). Algunos comentaristas insisten que esto es solamente una referencia de confraternidad con Dios, pero según se utiliza el término "los unos a los otros" (*allelon*) en cuanto a relaciones cristianas por todo el Nuevo Testamento y otras cinco veces en 1 Juan, esto es difícil de comprobar. El antiguo refrán es "la confesión es buena para el alma". No sólo es buena para el alma, sino también para las almas que están buscando unidad y compañerismo.

(c) Para ver algo que aún no se ha mencionado: la confesión representa una fuerte posición contra Satanás. En Juan 8:44 Jesús describe a Satanás como un mentiroso. Dice: "¡Es el padre de la mentira!" Y Santiago dice: "Resistan al diablo, y él huirá de ustedes" (4:7b). Cuando somos engañosos u ocultamos cosas, más somos sus cautivos. Cuando vivimos transparentes en la luz es cuando somos más inmunes a sus regímenes.

(d) Finalmente, mencionaremos lo contagioso de la confesión. La Escritura habla a menudo del poder del ejemplo. El ejemplo de una persona en confesión puede animar a las demás personas a abrirse, lo que frecuentemente es el inicio de una reavivación generalizada y tiempos de transformación.

3. **¿Puede la confesión en la iglesia tergiversarse de modo que el resultado sea dañino?**

Es difícil pensar en un tema bíblico que no pueda ser mal utilizado. Esta es la verdad de la gracia, del discipulado, del bautismo, de la Cena del Señor, de la elección y del consejo. La lista es larga. Pero es bueno notar como la confesión puede ser usada de una manera que hiere. Pensamos rápidamente en cinco posibilidades.

(a) Si reaccionamos con condenación. Cuán devastador puede ser para alguien que se esfuerza por encontrar el coraje para abrirse, sólo para escuchar a otra decir: "¡No puedo creer lo que hiciste (o que lo pensaste)!" o "No sabes lo difícil de escuchar que es esto". Aun si sentimos esa patada en el estomago a lo que nos referimos antes, es hora de enfocarnos en la otra persona, no en nuestro propio sentimiento o dolor.

(b) Si decimos chismes y no guardamos las confidencias. Todo lo que tenemos que hacer aquí es aplicar la Regla de Oro, o sea, tratar la confesión de otros de la manera que queremos que se trate la nuestra. Podríamos dar consejo a la persona sobre con quien consideramos se debe confesar su pecado, pero no es nuestro derecho pasar su información delicada a otra persona sin su permiso.

(c) Si usamos esto para etiquetar gente o para controlarla. Sabemos de situaciones en que por ejemplo alguien confesó ser orgulloso, entonces la persona que escuchó la confesión nunca cambió esa opinión. Esto salió al tema después como algo para echarle en cara o manipularlo. Sí, en nuestro entrenamiento de los unos a los otros pueda que tengamos que retomar algo que fue confesado y preguntar: "¿Es este un ejemplo de lo que confesaste antes?" Pero debemos tener cuidado no dejar de comunicar la esperanza y que creemos que Dios puede limpiar y transformar.

(d) Si pensamos que es nuestro trabajo el "arreglarlos". En relaciones donde hay confesión, nosotros tenemos una responsabilidad. Pero debemos cuidarnos de aquello que un amigo mío llama "sobreresponsabilidad". Ahora que has compartido tú pecado conmigo, tú todavía tienes la gran responsabilidad de lidiar con ese pecado. Debo orar por ti, animarte y preguntar cosas que ayuden, pero no es mi responsabilidad "arreglarte". Cuando alguien se siente así, es muy probable que se desarrolle una dinámica muy poco sana que heriría a las dos personas.

(e) Si los líderes no lo hacen, pero esperan que otros lo hagan. O para decirlo de una manera ligeramente diferente: si la confesión sólo va en una dirección en una relación. Tal confesión jerárquica acentúa todo lo malo de relaciones jerárquicas. Algunos de nosotros podemos decir que "hemos estado allí y hecho eso" y que no queremos ir allí de nuevo. Cualquier sistema religioso que promueve la confesión no mutua termina siendo disfuncional y no sano.

4. ¿Es riesgosa la confesión?

En tantas situaciones, aun cuando implica aquellos con los que nos sentimos más seguros, tenemos que decir: "Definitivamente". Sí es riesgoso. Pero así mismo son riesgosas muchas cosas a las que estamos siendo llamados los discípulos.

Esta vida de seguir a Jesús es el camino de justicia, no es un camino seguro. No entendimos mal esto, ¿o sí? En el proceso de hacer lo correcto en tantas áreas, podríamos herirnos, pero ¿no fue que Jesús anunció bendiciones a los que sufren por la justicia (Mateo 5:10)? La mayoría del tiempo en una confraternidad sana, la confesión traerá resultados sanos, pero aun cuando algo se tergiversa, la confesión sigue siendo lo correcto y a la larga será bendecido por Dios.

5. ¿Es la confesión dolorosa o alegre?

¡Sí!

6. ¿Cómo crecemos en esta área?

(a) Te sugeriríamos que empieces siendo abierto incluso en el nivel de la tentación. Si aprendemos a caminar en la luz con respecto a nuestras tentaciones, lograremos dos cosas: (1) nos acostumbraremos a hablar acerca de la vida en ese nivel, y (2) vamos a cortar muchas cosas de raíz antes de que se conviertan en pecado.

(b) Hemos observado que una de las maneras en las que la gente crece en muchas áreas es haciendo primero lo que llamaríamos "sobrecorrección". Cuando yo (Tom) estaba en la universidad, mi profesor de tenis me enseñó este principio. Casi siempre, mi primer saque golpeaba justo al tope de la red. Sabiendo que estaba fallando por pulgadas algunos posibles ases, traté de hacer un mini-ajuste, pero continué pegándole de esa manera, y los saques seguían golpeando el tope de la red. Mi entrenador insistió en sobrecorregirme. Me aconsejó que apuntara la pelota por lo menos unos treinta centímetros por encima de la red. Por supuesto, cuando lo hice, le pegué a la pelota más allá de la línea de servicio. Sin embargo, después de hacer eso por un tiempo, pude ajustar la trayectoria un poco hacia abajo y obtener algunos de esos ases que necesitaba. No sería mala idea que la mayoría de nosotros "sobrecorrija" por un tiempo. Si la confesión no ha sido parte del tenor de tu vida, intenta hacerlo de forma un poco excesiva. Y entonces busca un buen balance.

(c) Pregúntale a tu esposo(a), compañero de cuarto o amigo cercano: "¿Me consideras una persona que confiesa?" y "¿Me consideras alguien con quien te sentirías bien para confesarme algo?" Después conversen sobre sus respuestas.

Así como con todo lo demás en este libro, debemos estar convencidos que la confesión de los pecados es la voluntad de Dios, de lo contrario no será algo constante en nuestras vidas. Rara vez nos sale natural. Esta es una decisión hecha por fe. La confesión es buena para el alma. La Escritura apoya eso, pero va más allá. La confesión es maravillosa para nuestras relaciones.

Haciéndolo una realidad

1. ¿Cuáles han sido tus experiencias al confesar tu pecado?
2. ¿Si has obtenido respuestas pecadoras, cómo deberías manejar esas?
3. ¿Cómo has manejado la confesión de otros? ¿En qué maneras debes responder de una forma más justa y útil?
4. ¿Cómo te categorizas?
   - Rara vez confieso pecado.
   - Confieso sólo cuando es un pecado "grande".
   - Confieso pecados consistentemente.
   - Soy abierto incluso con las tentaciones.
5. ¿Por qué piensas que eres de esa manera? ¿Hay algunos cambios que quieres hacer?
6. ¿De qué forma encaja la confesión con la cruz?

Llevando las cargas unos a otros

> Hermanos, aun si alguno es sorprendido en alguna falta, vosotros que sois espirituales, restauradlo en un espíritu de mansedumbre, mirándote a ti mismo, no sea que tú también seas tentado.
> Llevad los unos las cargas de los otros, y cumplid así la ley de Cristo.
>
> Gálatas 6:1–2, La Biblia de las Américas

Mientras que vemos a la mayoría de las personas viviendo aún con el "yo" en un trono, también vemos una buena cantidad de personas que se ayudan los unos a los otros con las cosas difíciles de la vida. Nosotros (los Jones) recientemente vimos un episodio del programa de televisión *Cambio de imagen extremo: edición casera*. Llamó nuestra atención porque conocíamos bastante bien el pueblo de Massachusetts de Estados Unidos que se mostraba en la historia. Cientos de residentes escribieron a la cadena televisiva impulsándolos a reconstruir la casa de una familia cuyo jefe de familia, esposo y padre de tres, había sido severamente lisiado en un accidente. Cuando la cadena televisiva los escogió para el cambio de imagen, el pueblo se volcó para ayudar con el proyecto.

Y aun mientras escribo esto, está viniendo de todas partes del mundo el apoyo a las víctimas de dos catástrofes en Asia que han tomado más de 100.000 vidas y han dejado a millones sin hogar.

Así que cuando Pablo escribió a las iglesias de Galacia y les dijo que deberían de llevar las cargas de los otros, ¿estaba diciendo que los cristianos deberían al menos hacer lo que muchas personas en el mundo, quienes no son creyentes, hacen casi instintivamente? ¿O pensaba en algo más?

Considera el contexto

Tal como lo mencionamos en el capítulo 1, el contexto del pasaje es muy importante. En los versículos que preceden a Gálatas 6:1–2, Pablo ha hablado de nuestra elección de vivir conforme a la naturaleza pecaminosa o conforme al Espíritu. El capítulo 5 termina con un llamado a abandonar los pecados que destruyen las relaciones. El primer versículo del capitulo 6 describe lo que hacemos cuando el pecado persiste en la vida de alguien. Aquellos que son espirituales y están preocupados por otros así como por la iglesia deben de involucrarse. Su meta debe ser restaurar a su hermano o hermana, esto es, traerlos de nuevo a estar encaminados con el plan de Dios de justificarnos.

En este contexto Pablo dice que debemos llevar los unos las cargas de los otros. Mientras que hay mucha enseñanza en las Escrituras que nos llamarían a cuidarnos los unos por los otros y apoyar a los demás cuando el fuego o la enfermedad o la tragedia sucede, no parece ser esta la prioridad en la mente de Pablo. Más bien, la carga en la que debemos de pensar primero es la carga producida por el pecado.

Debemos involucrarnos tan profundamente en ayudar a nuestro amigo para que venza el pecado que de hecho nos estaríamos exponiendo a tentaciones peligrosas. Mientras que le ayudamos, debemos de tener cuidado que no sucumbamos en el mismo pecado. Si su pecado es ser vanidoso e irritar y envidiar a otros (Gálatas 5:26), casi ciertamente tendrá un espíritu amargo que podría corrompernos (Hebreos 12:15). Si su pecado es la lujuria, mientras que nos esforzamos en ayudarlo, sin duda recordaremos cosas de las cuales nosotros mismos tenemos que guardarnos.

Pero mientras que nos cuidemos a nosotros mismos y guardemos nuestros propios corazones, debemos de ayudarle a lidiar con la carga que ese pecado pone sobre él y sobre la iglesia. En este contexto Pablo dice: "Llevad los unos las cargas de los otros, y cumplid así la ley de Cristo" (v2). ¡Que actitud y compromiso tan notables somos llamados a tener!

Aquí está Guillermo o Gabriela a quien hemos visto pecar. Es cosa que ellos han hecho, no nosotros. Ellos han creado los problemas, no nosotros. Y aun así, el Espíritu de Jesús nos llama a tratar su pecado como si fuese el nuestro y ayudarlos a llevar la carga completamente fuera de su vida. No nos podemos arrepentir por ellos, pero podemos exhortarlos y orar con ellos.

El principio de Cristo

Ahora date cuenta de una frase crucial: al hacer esto cumpliremos la ley de Cristo. Puedes ver esto y decir que Jesús nos dio un mandamiento de amarnos los unos a los otros, así que esta es una de las leyes de Cristo. Si ayudamos a nuestro amigo, estaremos obedeciendo el mandato. Sospecho que Pablo nos quiere dar a entender algo mucho más profundo.

La palabra "ley" está usada en el Nuevo Testamento de la forma en que nosotros la usamos a menudo. Hablamos de la ley de gravedad. Con esto damos a entender el principio de la gravedad. Hablamos de la ley de la cosecha: uno cosecha lo que siembra (a esta misma hace referencia Pablo justo cinco versículos más abajo en el pasaje mencionado). Esto se refiere a un principio. No es tanto un mandamiento que debe ser obedecido.

La ley de Cristo, entonces, seguramente se refiere al principio que vemos operando en Cristo: el principio de estar dispuesto a llevar los pecados de otros y encontrar el poder de Dios al hacer esto. Isaías 53:4-5 describe el trabajo del sirviente que sufre.

> Ciertamente él cargó con nuestras enfermedades y soportó nuestros dolores, pero nosotros lo consideramos herido por Dios, y humillado. Él fue traspasado por nuestras rebeliones, y molido por nuestras iniquidades; sobre él recayó el castigo, precio de nuestra paz, y gracias a sus heridas fuimos sanados.

Isaías describe un Mesías que tomaría y llevaría nuestras enfermedades y tristezas, sin duda muy a menudo causadas por nuestras transgresiones e iniquidades, aunque él no tenía nada que ver con ellas. Él las tomaría y las llevaría a tal plenitud que el castigo y las heridas que son consecuencias de esos pecados recaerían completamente sobre él.

En el Nuevo Testamento Pedro alude al texto de Isaías cuando habla de Jesús de esta manera:

> Él mismo, en su cuerpo, llevó al madero nuestros pecados, para que muramos al pecado y vivamos para la justicia. Por sus heridas ustedes han sido sanados. (1 Pedro 2:24)

Jesús no nos llama simplemente a ver nuestros pecados y arrepentirnos. Él los tomó, se los puso encima y los cargó, y los llevó hasta la colina de Gólgota donde estos podrían ser crucificados. Cuando venimos a Cristo en fe y bautismo, aceptamos esa crucifixión y la hacemos nuestra, muriendo al pecado.

Y ahora somos llamados a seguir sus pasos. Él no dijo de manera moralista: "Ese no es mi pecado. Es tuyo". Ni tampoco lo debemos de hacer nosotros. Puede que estemos cansados o desanimados o incluso molestos debido al pecado de nuestro hermano, pero para seguir a Jesús debemos de preocuparnos lo suficiente para ayudarle a vencerlo. ¿Nos costará esto algo? Seguro que sí. Tiempo, esfuerzo, dolor emocional y probablemente algo de agotamiento físico, por nombrar sólo cuatro cosas. Pero a Jesús le costó todo eso el llevar nuestras cargas.

Y así que cuando nos involucremos en la vida de alguien para ayudarlos a mudar, no un piano ni un refrigerador ni un desafío financiero, sino el pecado, y en mudar ese pecado hasta el lugar de la cruz, estamos cumpliendo la ley de Cristo, el mismo principio de Jesús. Estamos mostrando a Cristo al mundo.

VARIAS PREGUNTAS

Al ver esto pareciera que necesitamos formular y responder a varias preguntas.

1. ¿Cómo se debe efectuar el llevar el pecado de alguien?

Quizás primero debemos decir como no se debe de hacer. No se debe de hacer impetuosa e imprudentemente. No se debe hacer como el padre irritado que finalmente no puede soportar más el comportamiento del hijo y revienta contra él. (Por supuesto, eso tampoco es bueno para ningún padre ni para los hijos.) Mientras que hay algunas cosas que no debiéramos hacer, hay un número de cosas que debiéramos hacer.

(a) La acción debe de hacerse con oración. Pablo dice: "Ustedes quienes son espirituales…". El aventurarse dentro de la vida de otra persona nunca debe hacerse porque confiamos en tener la experiencia para ayudarlo, aunque creamos que vemos claramente que la persona ha sido vencida por algo. En todas las situaciones similares, necesitamos de la mayor sabiduría que podamos tener, y debemos orar por ella (Santiago 1:5).

(b) Escucha y entiende tan plenamente como sea posible lo que ha pasado. Formula preguntas. Obtén todos los hechos. Descubre el trasfondo, donde se encuentran sus emociones y que está pasando por su corazón. Recuerda Proverbios 18:13: "Es necio y vergonzoso responder antes de escuchar". Demasiados de nosotros queremos dar consejo o corrección antes de haber escuchado. Esta es una tendencia preocupante porque cuando hacemos esto, fallamos en conectarnos emocionalmente con la persona que queremos ayudar. Y a menudo damos una respuesta que no satisface la necesidad de forma real.

(c) Relaciónate con la persona. Hasta donde puedas, comparte como has sido tentado o has pecado de forma similar. Pablo dice que todo este proceso debe de hacerse "en un espíritu de mansedumbre". Este fue el término que un cirujano griego utilizaba para describir como un hueso fracturado debía ser realineado. Al relacionarte con una persona, no sentirá que vienes con aires de superioridad moral a condenarlo, sino a realmente ayudarlo a llevar su carga. Puede que necesites dar advertencias que dan miedo, pero aun así es más probable que escuche esas advertencias si primero has hecho tu mejor intento para relacionarte con él o ella.

(d) Dirígele hacia la Escritura. Es la Escritura la que finalmente necesita capacitarlo y corregirlo, no tú (2 Timoteo 3:17). Muestra a la persona el estándar de Dios, como este pecado no es parte de la nueva era de su reino, y ayúdale a entender que este no es un desacuerdo sobre algo de gusto o preferencia.

(e) Ayúdale a evaluar su corazón. ¿Existe una tristeza santa (Mateo 5:4; 2 Corintios 7:8–11)? De no ser así, no estás listo para continuar.

(f) Pregúntale que debe hacer para demostrar arrepentimiento. Ayúdale si no da la impresión de ver cuán lejos necesita ir. Ayúdale a desarrollar un plan de arrepentimiento.

(g) Llévalo por todo el camino hasta la cruz. Ayúdale a entender que no será librado hasta que lleve ese pecado al lugar donde muere.

(h) Confírmale tu apoyo y luego dáselo. Dale seguimiento con ánimo y oración. Aquí está donde la verdadera prueba de "llevar sus cargas" entra, y muy a menudo donde fallamos. Muy a menudo alguien corrige a otra persona, pero luego no hay nadie que le ayude con el seguimiento que es tan crucial.

2. ¿Cuándo es más probable que no suceda el ayudarnos unos a otros de esta manera?

Es muy importante que desarrollemos una cultura en la iglesia en que se promueva lo que leemos aquí. Puede que nunca sea fácil, pero podemos cultivar una cultura de iglesia donde se espera llevar los pecados de los unos a los otros y donde la gente está preparada para esto. ¿Pero cuándo es que es más probable que no suceda? Existen dos respuestas principales.

(a) Cuando las relaciones son superficiales. Nada de lo que hablamos en este libro va a suceder cuando las personas están contentas con relaciones superficiales. Si las personas no están involucradas en las vidas de los unos con los otros en forma más profunda y consistente, ni siquiera van a saber cuando alguien se ha desviado hacia el pecado, al menos hasta que algo feo y público emerja.

(b) Cuando sentimos que nuestras propias cargas son más que suficiente y que realmente no necesitamos las de nadie más. No es difícil para cualquiera el sentirse así. La mayoría de las personas que conozco tiene mucho en su plato, por decirlo así. Las exigencias diarias de la vida, el trabajo, el matrimonio, la familia y el peso de nuestro propio pecado pueden verse como la totalidad de lo que pudiéramos manejar. Pero si nos entregamos a esa forma de pensar, nos perdemos de algo vital.

3. **¿Cuándo sucederá este tipo de interacción en nuestras relaciones?**

(a) Cuando las relaciones sean reales, abiertas y profundas. Cuando apenas conocemos a alguien, es un gran desafío el poner sus problemas en nuestra pantalla de radar, por así decirlo, pero hay veces en que debemos de hacerlo. Sin embargo, cuando conocemos a la gente y caminamos, sentimos y oramos con ellos, sabremos cuando se alejan del camino. Y entonces si les vemos alejarse hacia el pecado, nos molestamos o angustiamos. Nos preocupan y no queremos verles caer en la inmundicia.

(b) Cuando sintamos nuestras propias cargas, pero vivimos con el corazón de un siervo, confiando en que Dios bendice a aquellos quienes cuidan de otros. En Filipenses 2:4–5 Pablo escribe: "Cada uno debe velar no sólo por sus propios intereses sino también por los intereses de los demás. La actitud de ustedes debe ser como la de Cristo Jesús". La vida entera de un seguidor de Cristo es una de andar con la fe de que aquel que pierda su vida, la salvará.

Jesús demostró esta verdad en su muerte y resurrección, tal como Pablo lo resalta en los versículos que siguen al 4 y 5.

(c) Cuando entendamos que somos responsables unos de otros y aceptemos esa responsabilidad. Cada uno de nosotros debemos de estar agradecidos de estar en una confraternidad donde otros se sienten responsables por nosotros. Avergüéncese la persona que sea tan orgullosa para pensar que él puede ser lo que debería de ser por sí mismo. La gratitud nos debería dirigir a todos a tomar responsabilidad de los unos por los otros.

4. ¿Cuál es el corolario de este mensaje?

Como se describió anteriormente, a menudo en la Escritura existe un corolario que es tan verdadero y es tan la voluntad de Dios como la enseñanza principal en sí misma. En este caso, si las Escrituras te ordenan restaurarme y llevar mis cargas, el corolario es que Dios quiere que yo te permita a ti hacer eso. Dios siempre quiere que su palabra dé fruto. Si no soy humilde y no estoy dispuesto a permitirte entrar en mi vida para ayudarme a cambiar y ayudarme a llevar ese pecado hasta el lugar de la cruz, el plan de Dios no se cumple.

La enseñanza de Gálatas 6:2 es que debemos de llevar las cargas de los otros. El corolario es que debemos permitir a otras personas hacer eso en nuestras vidas, o más que eso, darle la bienvenida y ser agradecidos por ello. El corolario es que cualquier espíritu de orgullo e independencia debe ser superado, como lo hemos evidenciado en cada capítulo de este libro. Debemos de admitir que necesitamos ayuda y ser agradecidos por el plan de Dios de dárnosla a nosotros.

¿Cuánto deseamos que el pecado sea alejado de nuestras vidas y crucificado? ¿Y qué de las vidas de otros? ¿Qué tan crucial creemos que es esto? ¿Qué sacrificios estamos dispuestos a hacer?

5. **Finalmente, ¿existe un principio dentro de esto mismo que aplique a otros problemas además de la carga del pecado?**

Definitivamente. Todos podemos ver más allá de una actitud así: "Hermana, quiero ayudarte con el pecado de tu vida, pero quizá puedas encontrar a alguien más que te ayude a pasar por este tratamiento de cáncer". Si estamos dispuestos a ayudarnos los unos a los otros con lo más serio de nuestras vidas, el pecado que afecta nuestra relación con Dios y con otras personas, entonces seguramente estaremos dispuestos a ayudar con aquellas cosas que hasta a nuestros amigos mundanos les preocupan.

Jesús se preocupa de todas nuestras preocupaciones y ansiedades (1 Pedro 5:7). Quiere ayudarnos con todas. En el cuerpo debemos llorar con aquellos quienes lloran (Romanos 12:15). Si una parte sufre, todas las partes deben de sufrir con él o ella (1 Corintios 12:26).

Un amigo y querido hermano nuestro tiene una muy seria falla renal a sus treinta y nueve años. Docenas dentro de la confraternidad se han reunido alrededor de él y su familia. Así debe de ser. Justo aquí en Gálatas 6, Pablo pone en claro nuestra responsabilidad cuando escribe: "Por lo tanto, siempre que tengamos la oportunidad, hagamos bien a todos, y en especial a los de la familia de la fe" (v10).

Al lidiar con cualquier carga, Eclesiastés 4:9 aplica: "Más valen dos que uno, porque obtienen más fruto de su esfuerzo". Esto es cierto si la carga es el pecado. Es verdad si es el pasar una pena. Verdaderamente nos necesitamos los unos a los otros. La carga de tu hermano —cualquier carga— es tu carga. Y cuando todo el cuerpo está funcionando de manera sana, habrá personas acercándose con cualquiera que necesite ayuda con su carga. Llevar las cargas de otros tiene una larga historia entre familias amorosas, muchas iglesias y comunidades estrechas. Sin embargo, ha sido demasiado raro el encontrar comunidades espirituales donde esto se entienda en contexto y sea puesto en práctica. Cuando se hace, a menudo salvamos un alma de la muerte (Santiago 5:20) y ayudamos a un alma a regresar de nuevo al camino a la transformación.

Haciéndolo una realidad

1. ¿Qué cargas encuentras más fáciles de ayudar a otros a llevar?
2. ¿Cómo te sientes con respecto a salir de lo que estas acostumbrado en cuanto a las relaciones?
3. ¿Cómo te sientes con respecto a tomar la iniciativa con alguien, de la forma que Gálatas 6:1 lo describe, cuando ves que el pecado está atrapándolo? ¿Cuándo fue la última vez que hiciste esto?
4. Esta semana, ¿de quién te has dado cuenta que está batallando con alguna carga (pecado, tentación, u otra)? ¿Qué pasos puedes tomar para compartir su carga?
5. ¿Cómo le has comunicado a otros que quieres su ayuda para llevar tus cargas, especialmente la carga del pecado?
6. ¿Cómo es que este concepto encaja con el camino de la cruz?

Animándonos unos a otros

Todos necesitamos que nos animen más. ¿Cierto? Algunos días más que otros. Recientemente yo (Steve) estaba batallando por escribir uno de los capítulos para este libro. Quizá haya sido "bloqueo de autor", pero independientemente de lo que haya sido, no estaba avanzando en lo absoluto. Ahí fue que llamé a mi amigo Tom Jones, co-conspirador en enseñar lecciones y ahora en escribir un libro sobre el tema. En ese momento estaba estancado. Él me ofreció una "palabra de ánimo". "No lo pienses demasiado, sólo escríbelo y con eso trabajamos". ¡Vaya, que simple! Claro, él compartió algunas anécdotas de algunas experiencias similares. Eso me ayudó. Y funcionó. Me sentí animado. Comencé a escribir.

En otras ocasiones, el problema puede que sea más serio. Algún problema con nuestra salud. La muerte de un familiar. La pérdida de un trabajo. Sea lo que sea, todos necesitamos ánimo en algún momento. Quizás lo necesitamos más de lo que nos damos cuenta. ¡Un momento! Definitivamente lo necesitamos más de lo que nos damos cuenta. Es casi como el agua. Tomamos agua sólo cuando tenemos sed, ¿no? Bueno, después de dos piedras en los riñones el verano pasado, el doctor me convenció de que necesitaba tomar más agua. Mucho más, como dos veces la cantidad de la que estaba tomando en aquel momento, si quería evitar tener otros encuentros con las piedritas puntiagudas.

Así es cuando hablamos de dar y recibir ánimo. Nosotros subestimamos mucho nuestra necesidad tan innata de ser animados, de ser inspirados, de que nos levanten de la monotonía de la existencia ordinaria y nos ayuden a ver el verdadero significado espiritual de lo que hacemos cada día. Hace poco me impactó mucho algo que estaba leyendo en una novela del "viejo oeste" de los Estados Unidos escrita por Louis L'Amour. El protagonista, después de que alguien lo describió como un héroe, dijo:

> "Señora, esa es una palabra vacía por aquí. Es una palabra para escritores y gente que se sienta al lado de la chimenea. En estas partes, un hombre hace lo que la situación exige. En la frontera nosotros no tenemos héroes, sólo gente que hace lo que es necesario en el momento"[1].

Necesitamos ver lo heroico en nuestra vida cotidiana: haciendo esa llamada telefónica, escribiendo esa nota de ánimo, compartiendo la buena noticia con quien topamos, sacando el tiempo para ser un amigo de verdad. ¿Estás captando la idea? Nosotros nos enfrascamos tanto en nuestra vida en el mundo físico, que no vemos ni disfrutamos el significado de las pequeñas oportunidades que Dios nos da cada día. Necesitamos que otra persona nos ayude a ver. A darnos perspectiva. Que nos animen.

Parakaleo

Hay cuatro pasajes clave que nos llaman a animarnos unos a otros, pero antes de que los estudiemos, tenemos que dedicar un poco de tiempo al significado de la palabra "animar" en griego. *Parakaleo* es la palabra de donde la versión NVI traduce "animar". Esta palabra fue usada muchas más veces en el Nuevo Testamento (en el texto original en griego) que los cuatro pasajes que voy a mencionar. Por lo tanto necesitamos llegar a tener una mejor percepción de la riqueza y profundidad del sentimiento que la palabra original genera.

Parakaleo se usa mucho en los evangelios y en el libro de Hechos, frecuentemente en el sentido de "suplicar" o "rogar" pero también puede utilizarse para comunicar la palabra "confortar". En el libro de Hechos, se empieza utilizar la palabra para comunicar "animar". En las epístolas, *parakaleo* es usualmente una súplica emocional, siendo traducida con frecuencia como "rogar" o "suplicar". Muchas veces fue traducida como "animar".

En forma de mandamiento, usualmente se traduce como "les ruego" y ocurre bastante seguido en las epístolas, como división de la primera parte de la carta (generalmente la parte teológica) y la segunda parte (generalmente la parte práctica). La traducción al español generalmente depende de a quien estaba dirigida la palabra y del efecto deseado. Por ejemplo, cuando un padre está pidiendo que sanen a su hijo se traduce como "suplicar" o "rogar", mientras que cuando la palabra fue utilizada por un líder cuando estaba dirigiéndose a un grupo de discípulos jóvenes, se traduce como "animar". Mi lexicón griego favorito (Bauer-Arndt-Gingrich) lo pone de esta manera (esta es la traducción del inglés).

1. Llamar a alguien a tu lado (literalmente), convocar. (A mí me gusta bastante la primera traducción, ¿y tú? Es como decir "Vamos. ¡Sí se puede!".)
2. Apelar, urgir, exhortar, animar.
3. Suplicar, implorar, confortar y poner en mejor humor.

La palabra animar en inglés significa "poner coraje en". Eso es genial. Nosotros definitivamente podemos usar algo extra de coraje.

CUATRO PASAJES CLAVE

Pues con esta explicación en mente de la palabra *parakaleo*, veamos lo que estos textos bíblicos tienen preparado para nosotros.

1 Tesalonicenses 4:18

Por lo tanto, anímense unos a otros con estas palabras.

Lo primero que vemos es que nuestro ánimo debe tener un contenido. En este contexto, Pablo esta refiriéndose específicamente a su exhortación de la segunda venida de Cristo. En este caso, él les pide que el ánimo que se brinden tenga este contenido, para que les ayude a vivir siempre teniendo en mente el regreso de Jesús.

El punto es que el ánimo que nos damos el uno al otro debe ser un poco más que una palmada en la espalda. Nuestras palabras deben llevar una exhortación emocional, basada en un contenido bíblico específico. Pocos años atrás, mientras yo (Steve) estaba luchando contra la incursión devastadora en mi vida de la esclerosis múltiple, la cual paralizó el lado izquierdo de mi cuerpo, se me presentó una oportunidad de servir en la iglesia de una manera un tanto desafiante. En mi pensamiento humanista, lo único en lo que podía pensar era en los obstáculos insuperables. Un hermano en la iglesia me retó a que dejara de pensar en lo que yo no podía hacer y que empezara a tener fe en lo que Dios podía hacer. Yo no recuerdo los detalles, pero esa no fue una conversación divertida.

El ánimo de este hermano nos llevó a mí y a mi esposa a disfrutar un buen tiempo sirviendo en el ministerio y a forjar amistades de por vida. A pesar de que los obstáculos eran muchos, cuando miro atrás, recuerdo esos días con añoranza. Sin el ánimo y reto de un hermano a tener más fe en Dios en esa situación, mi perspectiva actual de lo que puedo hacer con la ayuda de Dios hubiese quedado lisiada.

1 Tesalonicenses 5:11

> Por eso, anímense y edifíquense unos a otros, tal como lo vienen haciendo.

El ánimo debe movernos a la madurez. Vemos muy seguido en la Biblia que el ánimo está combinado con fortalecimiento (Hechos 14:22, 15:32; 1 Tesalonicenses 3:2; 2 Tesalonicenses 2:17) o con la idea de "edificar" o "construir".

Nuevamente, no estamos hablando de ser solamente agradables. No sólo un tipo de dialogo de "Hola. ¿Qué tal?", pero algo que nos ayude a andar en un camino que nos lleve a la madurez espiritual. Nosotros necesitamos crecer en nuestra relación con Dios, en nuestras interacciones en el cuerpo, en nuestra pureza, en nuestra disciplina, en nuestra oración, en nuestro conocimiento de la Palabra, en nuestro evangelismo y en nuestro carácter. ¿Estás captando la idea de que todos tenemos mucho en que crecer? Por eso vamos a necesitar todo el ánimo que podamos recibir.

¿Estás creciendo? Cuanto más tiempo pasamos como cristianos, más crítica se hace esta faceta de nuestra vida espiritual. Claro que los nuevos cristianos necesitan mucha instrucción y ánimo, pero también lo necesitamos el resto de nosotros. El peligro que muchos de nosotros enfrentamos es una crisis espiritual como la de la mediana edad. Nos estancamos. Dejamos de crecer, aprender y cambiar. Las presiones de la vida aumentan. Los sueños mueren o se ahogan con nuestra rutina diaria. Despertamos un domingo y no tenemos ni idea de por qué nos debemos preparar para ir a la iglesia, excepto la idea de que "esto es simplemente lo que hacemos".

Tenemos que continuar creciendo, aprendiendo y retándonos a nosotros mismos a dar un paso fuera de lo habitual. Date una caminata mientras oras, o quédate despierto la noche entera orando. Ayuna (quizá haya pasado algún tiempo desde la última vez). Ve a un retiro espiritual personal. Regístrate como voluntario para una misión. Lleva la familia de vacaciones a una iglesia en un lugar de escasos recursos. Abre tu corazón a discípulos que te puedan ayudar. Haz algo que te saque de la rutina.

Pero no te pares ahí. Mira a tú alrededor y ve a otros que siguen estancados y date cuenta de cuan bien calificado estás para poder ayudarlos a que comiencen a mover sus ruedas. Algún día, dentro de muchos años, ellos recordarían una conversación contigo que les cambió la vida.

Hebreos 3:12-13

> Cuídense, hermanos, de que ninguno de ustedes tenga un corazón pecaminoso e incrédulo que los haga apartarse del Dios vivo. Más bien, mientras dure ese <<hoy>>, anímense unos a otros cada día, para que ninguno de ustedes se endurezca por el engaño del pecado.

Para mí (Steve) este ha sido un pasaje favorito por mucho tiempo. Quizás la idea de ánimo diario resuena en mí. Me parece que va muy bien con mi idea de las características de la iglesia del primer siglo. No un hábito de una vez por semana, pero un involucramiento real en las vidas de unos y otros.

Nosotros subestimamos el poder y el engaño de nuestro pecado. No nos damos cuenta de cuan poderoso es el desánimo y como corrompe gradualmente nuestra fe y nuestras convicciones. Nos necesitamos los unos a los otros. Necesitamos ese ánimo diario para mantenernos alerta, listos para la batalla que sea y fieles hasta el final.

Hay un sentido fuerte de obligación espiritual en este texto. "Cuídense" no dice "espero que puedan" o "alguien seguramente lo hará". Cuídense. Asegúrate de que pase. ¿Quién? Tú. Eres un cristiano y discípulo de Jesús, ¿no es así? Entonces esto aplica a ti y personalmente.

¿Ánimo diario? ¿Es esto algo práctico? Estamos tan ocupados en estos días…¿tengo que decirte que tan ocupado estoy? Sí, estamos ocupados. Nuestras vidas se siguen llenando de más y más "quehaceres". Bueno, entonces estamos ocupados, pero también tenemos más formas de mantenernos en contacto que en cualquier otra época en la historia. Hay celulares en todos lados —¿ME ESCUCHAS?— hay correo electrónico, mensajero instantáneo, mensajes de texto y paginas sociales en el Internet. No hay excusa.

Recuerdo hace sólo unos pocos años (como veinte…el tiempo sí que vuela), cuando estábamos viviendo (Steve y Diane) en Buenos Aires, Argentina. Nuestro teléfono no funcionó por seis meses. Ningún teléfono en el vecindario funcionaba. (Esto, por supuesto, fue antes de los tiempos de los celulares.) El teléfono más cercano, ubicado en un café, estaba a dos cuadras de la casa. Por esto, nuestro ministerio tuvo que transformarse en uno bien creativo. Nuestra casa siempre estaba abierta. Hermanos y hermanas se detenían antes y después del trabajo. Nuestras comidas casi siempre incluían a alguien de la iglesia, que lo más seguro había llegado sin que nadie supiese que venía. Los mensajes pasaban de boca en boca. Todo viaje incluía visitar a alguien para al menos hacer unas cuantas llamadas rápidas. Y era genial.

Aprendimos a lograr tener contacto diario. Sí podemos hacer esto. Anímense unos a otros diariamente.

Hebreos 10:25

No dejemos de congregarnos, como acostumbran hacerlo algunos, sino animémonos unos a otros, y con mayor razón ahora que vemos que aquel día se acerca.

Un hermano aquí en Nashville me abrió los ojos y me ayudó a ver algo que nunca había visto en este pasaje. Yo siempre me enfocaba en "congregarnos" como referencia a una asamblea pública, es decir, ir a la iglesia (y con la palabra griega *sunagogue* que se usa aquí, esa era seguramente la intención del pasaje). Sin embargo, este hermano es doctor y durante su residencia y entrenamiento médico se veía forzado a faltar a algunas reuniones de la iglesia. Él se enfocó en la idea de que "congregarse" no se refería exclusivamente a las reuniones de la iglesia, pero que en su caso, también podía aplicar a los tiempos en los cuales él se podía juntar con hermanos, sea para desayunar, comer, tomarse un café o para un rato de oración. Él tomó este pasaje como un llamado para juntarse con los hermanos cuando le fuese posible. Esta visión encaja perfectamente con el pasaje que acabamos de ver en Hebreos 3, el cual nos llama a animarnos diariamente.

Obviamente este punto no nos da una excusa para faltar a las reuniones de la iglesia, pero pone más énfasis en la importancia de nuestras relaciones fuera de las reuniones regulares de la iglesia. Nosotros dos creemos que muchos de nosotros cristianos no tomamos en serio esta enseñanza. Con todas las obligaciones de nuestras vidas, deportes de los niños, exigencias del trabajo y actividades escolares, parece haber una creciente aceptación de que no es posible reunirnos con la regularidad que la Biblia nos manda y de permitir que otras cosas inunden el podernos reunir. De hecho, es refrescante ver bajo esta luz algunas compañías que se mantienen cerradas los domingos para que sus empleados puedan ir a la iglesia y pasar el día con sus familias. Quizás debamos reexaminar nuestras convicciones.

De cualquier manera, el punto más importante aquí no es simplemente aparecernos en las reuniones de la iglesia. El punto es que lleguemos a tener un patrón consistente de reunirnos con nuestros hermanos y hermanas para animar y para ser animados.

¡Hagámoslo!

Espero que lo que hemos escrito nos convenza del hecho de que una de nuestras necesidades más importantes es dar y recibir ánimo. También lo que debe quedar claro es que estas escrituras están escritas en forma imperativa.

Anímense unos a otros con estas palabras.
Anímense y edifíquense unos a otros.
Anímense unos a otros cada día.
Animémonos unos a otros.

Es nuestra obligación hacer esto. Dios dice que es necesario hacerlo. No es un "accesorio opcional" a nuestra cristiandad de modelo reciente. Es la sangre que mantiene vivos a los seguidores de Jesús.

Hagámoslo. Tú. Yo.

Animémonos los unos a los otros.

Haciéndolo una realidad

1. ¿Cómo ves tu propia necesidad de recibir ánimo?

2. ¿Qué estás haciendo para asegurarte de que sigas creciendo como discípulo? ¿Quién te está ayudando? ¿A quién estás ayudando?

3. ¿Qué puedes hacer para dar ánimo con un contenido de valor y que mueva a la gente hacia la madurez?

4. ¿Cómo te sientes sobre la tarea siguiente? Es esta: ve donde un familiar y un cristiano de tu mismo sexo y cercano a ti en la iglesia y pregúntale: "¿Qué puedo hacer para ser más motivador?".

5. ¿Cuáles son tus convicciones personales sobre faltar a las reuniones de la iglesia? ¿En qué se basan tus convicciones? ¿Por qué es esto importante?

Estimulándonos unos a otros

> Preocupémonos los unos por los otros, a fin de estimularnos al amor y a las buenas obras. No dejemos de congregarnos, como acostumbran hacerlo algunos, sino animémonos unos a otros, y con mayor razón ahora que vemos que aquel día se acerca. (Hebreos 10:24–25)
>
> Y considerémonos los unos a los otros para provocarnos al amor y a las buenas obras;
> No dejando nuestra congregación, como algunos tienen por costumbre, mas exhortándonos; y tanto más, cuanto veis que aquel día se acerca. (Hebreos 10:24–25, Reina-Valera Antigua)

Ahora llegamos a una expresión que es rica en significado pero difícil de comprender. Llegamos a un mandamiento que puede inspirarnos o atemorizarnos: provocarnos el uno al otro. ¿Qué significa esto y qué no significa? Las respuestas a ambas preguntas son de vital importancia.

En el capítulo 6, cuando miramos al enseñar y amonestar los unos a los otros, abordamos unos temas relacionados con los que nos encontramos aquí. Hemos mencionado que algunos de nosotros podemos sentirnos indudablemente incómodos con este nivel de participación, y nunca se nos ocurriría "meternos en lo que no nos importa". Por otra parte, otros de nosotros puede que no lo pensaríamos dos veces en preguntarles a otros acerca de cosas muy personales, decirles lo que deben hacer exactamente y esperar que lo hagan. Ambos extremos pueden ser por falta de fe. Con esto en mente pasemos a un análisis más profundo del texto.

Considera el contexto

Con el fin de comprender adecuadamente los versículos 24–25 y, más importante aun, averiguar cómo implementarlos, tenemos que mirar hacia el contexto para orientarnos. Demos una mirada a los versículos inmediatamente anteriores a nuestro texto, utilizando la Biblia en lenguaje sencillo para dar una nueva perspectiva.

> Hermanos, la sangre que Jesús derramó al morir nos permite ahora tener amistad con Dios y entrar con toda libertad al lugar más santo. Pues cuando Jesús murió, abrió la cortina que nos impedía el paso. Pero ahora Jesús está vivo, y por medio de él podemos acercarnos a Dios de un modo nuevo y distinto. Él es nuestro gran sacerdote, encargado del santuario que está en el cielo. Por eso, mantengamos una amistad sincera con Dios, teniendo la plena seguridad de que podemos confiar en él. Porque Cristo nos dejó limpios de pecado, como si nos hubiera lavado con agua pura, y ya estamos libres de culpa. Sigamos confiando en que Dios nos salvará, y no dudemos ni un momento, porque él cumplirá lo que prometió. Tratemos de ayudarnos unos a otros, y de amarnos y hacer lo bueno. No dejemos de reunirnos, como hacen algunos. Al contrario, animémonos cada vez más a seguir confiando en Dios, y más aún

cuando ya vemos que se acerca el día en que el Señor juzgará a todo el mundo. (Hebreos 10:19–25)

¿Te diste cuenta de todas las bendiciones espirituales que tenemos, sobre la base de nuestra relación con Jesús?

- Tenemos acceso al Padre por medio de la sangre y el cuerpo de Jesús.
- Tenemos un gran sacerdote, garantizándonos la cercanía con Dios.
- Tenemos la plena seguridad. ¡No cabe duda! La fe tiene una respuesta a cada duda.
- Tenemos el corazón limpio y la conciencia limpia (tal vez una conciencia lavada sería otra manera de decirlo).
- Tenemos la confianza que nos salvará. ¡Amén por ello! ¿Qué más se puede decir?
- Tenemos un Dios fiel. Él no nos decepcionará. Él nos ayudará en el momento apto. Él estará allí cuando más lo necesitamos.

Llegando a nuestro texto, vemos que el enfoque del autor en los enormes beneficios que tenemos como resultado de nuestras relaciones unos con otros en Cristo nos llama a no tomar ligeramente la confraternidad que compartimos, sino a insistir en ella con mayor vigor.

El contexto de los versículos que siguen los 19–25 también es de gran importancia. Utilizando de nuevo la Biblia en lenguaje sencillo:

> Tratemos de ayudarnos unos a otros, y de amarnos y hacer lo bueno. No dejemos de reunirnos, como hacen algunos. Al contrario, animémonos cada vez más a seguir confiando

en Dios, y más aún cuando ya vemos que se acerca el día en que el Señor juzgará a todo el mundo. Si seguimos pecando después de haber conocido la verdadera enseñanza de Dios, ningún sacrificio podrá hacer que Dios nos perdone. No nos quedaría más remedio que esperar con un miedo terrible el juicio final, que es cuando los enemigos de Dios serán destruidos con fuego ardiente.

Si en un juicio dos testigos dijeran que alguien ha desobedecido la ley de Moisés, los jueces no tendrían compasión y ordenarían la muerte de esa persona. ¡Imagínense entonces el terrible castigo que recibirán los que desprecian al Hijo de Dios y dicen que su muerte no sirve para nada! Porque al hacer eso insultan al Espíritu del Dios que los ama. También desprecian la muerte de Cristo, la cual les asegura el cumplimiento del pacto y les ha conseguido el perdón de sus pecados. Además, como todos sabemos, Dios dijo que él se vengará de sus enemigos y los castigará por todo lo malo que han hecho. También dijo que juzgará a su pueblo. ¡Que cosa más terrible debe ser el castigo que da el Dios que vive para siempre! (Hebreos 10:24–31)

"Terrible" es la palabra utilizada por el escritor de Hebreos. Era evidente que se perdió el curso de Sensibilidad 101 y el de La Corrección Política Básica 204 en el "Seminario Apostólico de Galileo". Tenemos que reconocer que no estamos acostumbrados a hablar así, pero también tenemos que recordar que el estándar es la Escritura y no nuestras experiencias actuales ni nuestro entorno cultural.

El punto más importante que nos golpea es la seriedad en todo este asunto. Aunque estamos seguros de nuestro acceso al

Padre por medio de la sangre de Jesús y sabemos que él ha limpiado nuestras conciencias, aún estamos hablando de un real sobrecogimiento. Aquellos hechos justos seguirán con el temor a Dios (Apocalipsis 1:17). Dios no es uno con quien se puede jugar, y por lo tanto el involucrarnos los unos con los otros tampoco es para jugar. Debemos llevar esta seriedad en nuestras interacciones de los unos con los otros. Relaciones como éstas no son un apéndice sobre nuestro cristianismo. Están en el núcleo de él, como hemos afirmado a lo largo de este libro.

La palabra clave: provocarnos

Con esta seriedad en mente, dirijamos nuestra atención a la palabra clave que estamos viendo en el pasaje. En griego, es *paraxusmos*. En la Reina-Valera Antigua se traduce como "provocar". Esta traducción captura el sabor y la fuerza de la palabra griega. La Biblia en lenguaje sencillo y Dios Habla Hoy diluyen la palabra, en nuestra opinión, traduciéndola con "ayudar", y el NVI, del mismo modo, debilita la idea con "estimular".

En Bauer-Arndt-Gingrich, uno de los léxicos griegos básicos, encontramos los siguientes significados.

1) Agitar, provocar [Sólo se utiliza en este lugar en el Nuevo Testamento.]
2) Irritación, un profundo desacuerdo [Sólo se utiliza en Hechos 15:39.]
3) Ataque de una fiebre alta [No se utiliza en el Nuevo Testamento.]

No hay mucha información, ¿verdad? La palabra se usa sólo dos veces en todo el Nuevo Testamento. Otro dato: la palabra griega que se traduce en español como "paroxismo" significa, según la Real Academia Española:

1) Una exaltación extrema de los afectos y pasiones
2) Una exacerbación de una enfermedad
3) Un accidente peligroso o casi mortal, en que el paciente pierde el sentido y la acción por largo tiempo

Compartimos esto para llamar la atención a la fuerza y la intensidad de la palabra. Esto no es una "linda" palabra. No es una palabra de calma. Es una palabra agresiva. Yo (Steve) creo que me puedo identificar un poco. Como mencioné en un capítulo anterior, hace veinte años sufría de tres piedras en el riñón. Alrededor de un año antes de escribir este libro, tuve un paroxismo, una exacerbación, un grave ataque de dolor y agonía conforme las piedras del riñón volvían.

La experiencia me motivó tanto a mí como al médico, que me puso a través de un serie de pruebas para determinar la causa y averiguar qué podía hacer para evitar futuras aventuras con las pequeñas rocas. En otras palabras, "me animó", "me provocó", "me estimuló" a hacer algo. ¿Entiendes la idea de lo que el escritor de Hebreos nos dice hacer? Este lenguaje fuerte encaja totalmente en el contexto de lo que hablamos antes. Esta es una palabra intensa en un contexto intenso.

Dos ideas moderantes

La fuerza del concepto se ve moderada por otras dos ideas en el texto. En primer lugar, debemos tener en cuenta ("preocupar", o como en La Biblia de las Américas, "considerar") cómo vamos a llevar a cabo el provocar. Requiere pensamiento. Significa que tenemos que contemplar a nuestro hermano, sus necesidades y su situación, y la mejor manera de ayudarlo a responder al Señor.

Ningún discipulado "cortado con el mismo patrón" aquí,

ningún cristianismo de "una sola talla". No estamos aquí para soplar en la vida de alguien y dejar paroxismo sobre él o ella. Hemos de reflexionar —sin duda reflexionar con oración— sobre la mejor manera de impulsarlos.

La segunda idea moderante es el resultado final esperado por nuestra acción, que es "el amor y las buenas obras". Nunca hemos visto a una persona inspirada al amor con gritos o con reproches desenfrenados. Lamentablemente, hemos visto el intento, pero nunca hemos visto que funcione. Estos versículos presentan la certeza de que nuestras palabras y acciones pueden hacer una diferencia real en el resultado de la vida de alguien cuando son guiados por la consideración.

¿Qué aspecto tiene?

Antes de salir de este concepto, tenemos que analizar algunas preguntas difíciles. ¿Cómo es este en la vida real? ¿Cómo se muestra en nuestra confraternidad en la iglesia? ¿Cómo nos podemos estimular uno al otro? Como algunos de nosotros hemos aprendido del libro de Gary Chapman *Cinco lenguajes del amor*[1], cuando se habla de sentir el amor, todos tenemos cosas diferentes que nos comunican el amor.

Es lo mismo con estimular el uno al otro. Lo que me anima puede ser absolutamente desalentador para ti. Así que la verdadera prueba es en el efecto producido por nuestro provocar el uno al otro. El objetivo, como lo recuerdes, es promover el amor y las buenas obras. Por lo tanto, tenemos que averiguar ("considerar") lo que funciona para la gente alrededor de nosotros, y debemos dar mucha gracia a los que tratan de poner este versículo en práctica en nuestras vidas. El mero hecho de que alguien se preocupa lo suficiente para tratar de provocarme al amor y las buenas obras debería por sí mismo hacer un poco de provocación.

Dicho esto, ¿cuáles son algunas cosas que podemos hacer o decir para estimular el uno al otro?

- Ora específicamente por las necesidades de alguien más, sus luchas o sus debilidades, y hazle saber lo estás haciendo, lo que también te permite preguntar como está progresando.
- Comparte una escritura que crees será relevante en su vida.
- Cuando alguien comparte una lucha, carga o pecado contigo, recuerda preguntar constantemente por ello. Como mencionamos en el capítulo 6, la conexión consistente y regular, incluso diaria, proporciona un gran poder para ayudarnos a crecer y superarse.
- No tenga miedo de dar a alguien un desafío audaz. Después de una caminata de oración reciente con un par de hermanos, yo (Tom) les dije cuán inspirado estaba por sus oraciones, y les dije que tenía algo muy importante que decirles. Entonces tomé unos minutos para compartir con ellos el como creía que necesitaban aspirar a ser líderes en la familia de Dios y cómo yo quería tener un papel en fomentar eso.
- No estamos tan seguros de cómo sería entre mujeres, pero podemos imaginar buenos resultados cuando un hermano le dice a otro hermano: "Vamos, hombre, podemos hacer mucho más para invitar a más personas a escuchar de Jesús y su reino. Pongámonos las pilas y traigamos alguna gente".
- Sólo sal y hazlo. Considera y ora, pero hazlo. Si cometes un error, pide perdón y aprende de él. ¡Déjanos impulsarte a ti!

Estas ideas, y muchas, muchas más que usted puede proporcionar son todas sobre el poder de unirnos para llevar a cabo la voluntad de Dios y trabajar unos con otros, en vez de luchar por lograrlo solo. Por supuesto, todos estos esfuerzos para ayudarse mutuamente a crecer requerirán gran sabiduría para no ir demasiado lejos y ser ofensivo y para no contenernos y dañar a otros a causa de nuestra negligencia.

Una idea más, antes de terminar este capítulo. No es de nosotros; alguien más dijo esto, pero suena a verdad.

Es imposible estimular a otra persona al amor y las buenas obras si no estamos con ellos. No podemos animar si vivimos nuestras vidas en cuevas secretas, empujando a la gente lejos de nosotros. La gente sin contacto no anima a otros. Animar es algo que se hace cara a cara"[2].

Esto hace eco de lo que el escritor de Hebreos dijo en el versículo 25.

Tenemos que seguir insistiendo en el carácter corpóreo del cristianismo del Nuevo Testamento. La idea "todo se trata de mí y mi Dios" que es tan prevaleciente en nuestra sociedad es el resultado de una aberración tardía de lo que Dios quería para el cristianismo. Él nos hizo para estar juntos, necesitarnos los unos a los otros y funcionar mejor cuando estamos trabajando juntos "para provocarnos al amor y a las buenas obras".

Haciéndolo una realidad

1. ¿Ves una diferencia en provocar o estimular a alguien y animar a alguien? Explica.

2. ¿Qué crees que significa cuando el Nuevo Testamento utiliza un lenguaje fuerte y palabras con significado intenso?

3. Supongamos por un momento que estás resentido con alguien porque trata de estimularte pero te hace sentir presionado. ¿Cómo tratarías de solucionar esta situación, tanto con la persona como contigo mismo?

4. En otros capítulos hemos hablado del corolario de algunas de estas enseñanzas del Nuevo Testamento. El corolario (o verdad compañera) a la necesidad de estimular a otros es lo que necesitamos para estar agradecidos por la gente que hace esto en nuestras vidas. ¿Cómo te sientes con eso?

5. ¿Cuál es una manera en que puedes estimular a alguien esta semana? ¿Quién es la persona en la que mejor te puedes enfocar?

6. ¿A quién le puedes pedir que te estimule constantemente?

Reconciliándonos unos con otros

La Biblia lo pone en claro: Jesús vino a romper las divisiones entre personas. Pablo lo manifiesta claramente en Efesios 2:14.

> Porque él es nuestra paz, que de ambos pueblos hizo uno, derribando la pared intermedia de separación. (Reina-Valera 1960)

El mundo, por otro lado, se especializa en la división, ya sea este causado por la raza, dinero, sexo, cultura o distancia. Existen demasiadas cosas para polarizarnos, para dividirnos, para separarnos. Y aun si no cedemos ante estas barreras, hay falta de tiempo. Parece que simplemente estamos muy ocupados como para construir amistades increíbles, de largo plazo; para acercarse y quedarse cerca.

Aun en la iglesia hay muchas barreras para las relaciones además de las ya mencionadas: heridas antiguas, amargura y, por supuesto, pecado. Ya sea que sea el tuyo, el mío, o el nuestro, el pecado nos divide, nos aleja y levanta muros entre nosotros.

Es por esto que Jesús es aún la única respuesta verdadera. Él derribó las barreras que nos dividen y separan, y él aún continúa con el negocio de "derribar muros".

> [Él hizo esto para] reconciliar con Dios a ambos en un solo cuerpo, matando en ella las enemistades. (Efesios 2:16, Reina-Valera 1960)

La lección clave que tenemos que aprender y seguir aprendiendo acerca de las relaciones rotas o dañadas es que la reconciliación ocurre al pie de la cruz. Es como dice la canción inglés: "*Jesus will fix it*", cuya traducción literal significa Jesús lo arreglará (a lo mejor tú la conoces como *Jesús me acompaña*). Arreglar es lo que él hace. Él arregla relaciones rotas. Esa es su especialidad. No importa cuánto tiempo la relación ha estado rota o en que tan malas condiciones está. Él puede unir a los alejados, reconstruir la confianza y restaurar el amor. Esto es lo que pasa al pie de la cruz. Un Dios completamente santo y recto se reúne con su enemigo no santo e injusto (tú y yo) por medio del amoroso sacrificio de Jesús. Vea Romanos 5:6–11 como un corto curso de repaso de este hecho asombroso.

Volver a ser amigos

Otra lección importante viene de la mismísima palabra "reconciliar". El significado básico de la palabra es "volver a ser amigos". No estamos hablando acerca de tolerarnos cortésmente los unos a los otros, al estar de acuerdo a regañadientes a un "cese al fuego" en una batalla continua, o interactuar rígidamente mientras la amargura hierve por debajo de la superficie. Estamos hablando de que los muros caigan en nuestros corazones y mentes. La meta que nos puso Jesús es ser "uno" (Juan 17:20–21). Cuando cumplimos esa meta, tenemos uno de los testimonios más poderosos de la validez de nuestra fe.

También tenemos que recordar, al leer Efesios, que este fue escrito en medio de una batalla cultural, racial y étnica que ha persistido por siglos. La división entre judíos y no judíos ha sido tan cáustica que en años recientes no sólo engendró el Holocausto, en el cual un estimado de seis millones de judíos fueron exterminados, sino también la repetida negación de algunas figuras políticas de que el Holocausto haya ocurrido. La reconciliación parece más real cuando nos damos cuenta de que en medio de esta guerra racial apareció un judío que venció la división y el odio, y modeló un grupo unificado de seguidores al mezclar judíos y no judíos para formar un todo armonioso: su iglesia.

Si ese tipo de hostilidad pudiese vencerse, cualquier cosa es posible con Dios. Cuando Pablo ora al final de Efesios 3: "Al que puede hacer muchísimo más que todo lo que podamos imaginarnos o pedir, por el poder que obra eficazmente en nosotros...", es muy probable que él está pensando específicamente, en este contexto, en el asombroso trabajo de reconciliación de Dios.

PRINCIPIOS BÍBLICOS DE RECONCILIACIÓN

Veamos algunos principios bíblicos que nos ayudarán a poner la reconciliación en práctica en nuestras vidas. Verás, aunque Jesús hizo el "trabajo más pesado", por decirlo así, aún nos queda mucho por hacer para que podamos reunirnos al pie de la cruz.

1. Reconoce la importancia y urgencia de ser reconciliados.

> "Por lo tanto, si estás presentando tu ofrenda en el altar y allí recuerdas que tu hermano tiene algo contra ti, deja tu ofrenda allí delante del altar. Ve primero y reconcíliate con tu hermano; luego vuelve y presenta tu ofrenda". (Mateo 5:23–24)

Este pasaje continúa sorprendiéndonos. Dios prefiere que arreglemos las cosas con nuestro hermano que a que vengamos y lo adoremos. Esto pone bajo otra perspectiva el llevarnos con nuestros hermanos y hermanas. Esto es aun más sobresaliente cuando consideras todo el esfuerzo que el alabador judío tenía que hacer para llegar finalmente al altar que estaba dentro de la corte de los gentiles, la corte de las mujeres y la corte de Israel con su sacrificio aprobado. ¿Alguna vez has hecho algo como esto? ¿Has llamado a alguien un sábado por la noche para hablar de modo que puedas alabar a Dios en forma aceptable al día siguiente? Esto es tan urgente, tan importante que no debes descansar hasta que se arregle la situación. ¿Ocupas dejar de leer este capítulo ya mismo e ir a resolver un conflicto?

2. Acepta la obligación y posibilidad de la reconciliación.

La parte motivadora del texto en Mateo 5:23-24 es darse cuenta que Dios espera que lo hagamos y que después regresemos al punto donde nos habíamos quedado. Jesús no está contemplando años de consejería o mucha oración y ayuno. Simplemente nos dice "reconcíliate". Nosotros complicamos las cosas demasiado. Ve. Discúlpate. Perdona. Luego regresa a la adoración, quizás esta vez los dos juntos.

3. Sabe que no siempre será a nuestra manera.

> Por eso yo, que estoy preso por la causa del Señor, les ruego que vivan de una manera digna del llamamiento que han recibido, siempre humildes y amables, pacientes, tolerantes unos con otros en amor. (Efesios 4:1-2)

> De modo que se toleren unos a otros y se perdonen si alguno tiene queja contra otro. Así como el Señor los perdonó, perdonen también ustedes. (Colosenses 3:13)

Estos pasajes nos traen lo que a mi (Steve) me gusta llamar el "factor soportar". En el reino de Dios ninguno de nosotros es el rey, y todos somos muy diferentes. Tenemos trasfondos socioeconómicos diferentes; venimos de distintas razas; tenemos diferentes niveles de educación y hasta diferentes culturas. Amo la diversidad, pero ciertamente hace desafiante el entendernos y aceptarnos unos a otros. Mi coautor, Tom, lo llama el "factor aguantar". De cualquier forma que lo llamemos, la reconciliación no significa que todos estarán de acuerdo conmigo o que aquello a lo que llamamos "iglesia" deba de ser caracterizado por la uniformidad. El poder del evangelio se aprecia mejor en la diversidad, trabajando todos unidos en armonía.

4. Haz todo esfuerzo para solucionar las cosas.

> Esfuércense por mantener la unidad del Espíritu mediante el vínculo de la paz. (Efesios 4:3)

"Bueno, intenté hablar con Fulano de Tal, pero no funcionó". Inténtalo de nuevo. Y de nuevo. Y de nuevo. Ora. Obtén ayuda. Inténtalo de nuevo. Haz todo tu esfuerzo. Haz todo lo que esté en tu poder.

5. Perdona.

> ...de modo que se toleren unos a otros y se perdonen si alguno tiene queja contra otro. Así como el Señor los perdonó, perdonen también ustedes. (Colosenses 3:13)

Yo, (Steve) llevo casado casi treinta y tres años con mi encantadora esposa, Diane. Empezamos como mejores amigos y hemos intentado mantener esa amistad a través de todos los altibajos de la vida. No recuerdo donde aprendimos por primera vez la importancia de tomar tiempo para terminar algún conflictillo diciendo "lo siento" y "te perdono". Insistimos en que nuestros hijos aprendieran a decirlo. Lo compartimos con todas las parejas que hemos aconsejado. Hay poder al ponerlo en palabras. Esas pocas palabras pueden ser tan difíciles de completar. Y el tener que hacerlo muy a menudo prolongó algunas discusiones hasta que estuvimos listos para pedir y dar perdón.

6. Ora.

> Pero yo les digo: Amen a sus enemigos y oren por quienes los persiguen. (Mateo 5:44)

Si Jesús nos instruye orar por nuestros enemigos, lo cual va totalmente en contra de la naturaleza humana, ¿cuánto más debiésemos de orar por nuestros hermanos y hermanas, especialmente cuando no nos llevamos? Ora por ellos, por sus corazones, y ora por ti y tu corazón.

EJEMPLOS DE CONFLICTOS EN LA BIBLIA

Pablo y Bernabé

> Después de algunos días, Pablo dijo a Bernabé: Volvamos a visitar a los hermanos en todas las ciudades en que hemos anunciado la palabra del Señor, para ver cómo están. Y Bernabé quería que llevasen consigo a Juan, el que tenía por sobrenombre Marcos; pero a Pablo no le parecía bien llevar consigo al que se había apartado de ellos desde Panfilia, y no había ido con ellos a la obra. Y hubo tal desacuerdo entre ellos, que se separaron el uno del otro; Bernabé, tomando a Marcos, navegó a Chipre, y Pablo, escogiendo a Silas, salió encomendado por los hermanos a la gracia del Señor. (Hechos 15:36–40, Reina-Valera 1960)

Con cierta renuencia incluimos este pasaje, porque a menudo ha sido utilizado y abusado, y por esto se merece un trato más detallado de aquello para lo cual tenemos tiempo. Estos versículos hasta han sido usados para justificar el dividir el cuerpo de Cristo.

Así que primero que nada, permítanos intentar simplemente señalar los hechos. Hecho N° 1: Pablo y Bernabé tuvieron un acalorado desacuerdo acerca de una decisión de ministerio (no fue una disputa bíblica ni doctrinal). Hecho N° 2: ambos continuaron trabajando para Dios. Hecho N° 3: ambos regresaron a la misión pero en direcciones diferentes con compañeros diferentes. Hecho N° 4: Pablo salió encomendado por los hermanos. Debemos de ser cuidadoso como discutimos lo que se calla o no se menciona aquí. Sólo porque el escritor no menciona que Bernabé también saliese encomendado, eso no prueba que Pablo estaba en lo correcto y que Bernabé estaba en lo incorrecto. Hecho N° 5: no hubo amargura o interrupción duradera de la confraternidad (vea Colosenses 4:10 y 2 Timoteo 4:11).

Entonces, ¿qué lecciones podemos aprender de esta historia que nos ayudarán a lidiar con relaciones dañadas?

- Los cristianos pueden tener desacuerdos agudos y permanecer similares a Cristo en su conducta y mantener sus relaciones.
- El tiempo puede cambiar las cosas, tal como la forma de pensar de Pablo acerca de Juan Marcos. Debido a las acciones del pasado de Juan Marcos, Pablo no había confiado en él, pero después reconoció su utilidad para con él en el ministerio (de nuevo vea Colosenses 4:10 y 2 Timoteo 4:11). ¿Quién creció? ¿Fue Juan Marcos quien maduró o fue Pablo? La Biblia no lo dice.

- Este pasaje no excusa destruir las relaciones, abrigar mala voluntad o justificar división.

Evodia y Síntique

> Ruego a Evodia y a Síntique, que sean de un mismo sentir en el Señor. Asimismo te ruego también a ti, compañero fiel, que ayudes a éstas que combatieron juntamente conmigo en el evangelio, con Clemente también y los demás colaboradores míos, cuyos nombres están en el libro de la vida. (Filipenses 4:2–3, Reina-Valera 1960)

Podemos aprender algunas lecciones básicas de esta pequeña curiosidad que Pablo vio necesario incluir en una carta a sus amigos en la iglesia de Filipos. Primero, acontece el conflicto. Es una parte normal de cualquier relación sana. Ambos hemos tenido que aprender esto en nuestros matrimonios. El conflicto es una parte normal del acercamiento. Por sí mismo no es malo. Su efecto final depende de nuestra respuesta a él. Recuerda que "el hierro se afila con el hierro" (Proverbios 27:17). Segundo, la meta es estar de acuerdo. Tercero, puede que necesitemos ayuda de un tercero. Esta puede que sea la lección más importante de todas. Si no la estamos llevando bien, entonces ¡obtén ayuda!

David y Saúl

La historia que se encuentra en 1 Samuel 24:8–22 de la problemática y turbulenta relación entre el insanamente celoso Rey Saúl y David, aquel a quien Dios designó para reemplazarlo, nos enseña una valiosa lección acerca de las relaciones. Uno solo puede hacer hasta cierto punto, porque tal como dice el refrán: "Se necesitan dos para bailar el tango". La conducta de David con

Saúl era intachable. Él hizo todo lo que pudo para hacer que esta relación con Saúl funcionase. Y al final de forma notable él evitó el enojo o la amargura hacia alguien que lo rechazaba hasta el punto de intentar matarlo. (Recuerda la respuesta de David a la muerte de Saúl en 2 Samuel 1).

Pablo lo pone de esta manera en Romanos 12:18: "Si es posible, y en cuanto dependa de ustedes, vivan en paz con todos". Nos indica que hay mucho que podemos hacer, pero que el tener paz en cualquier relación requiere que ambas partes lo deseen. Obviamente no hay excusa en este pasaje por no hacer todo lo que podemos, ni se trata de una puerta abierta a una amargura que nos comerá vivos. Pone hacia el frente la verdad de que si uno de nosotros cambia, la relación cambia. Pablo nos recuerda que hay cosas que sí dependen de nosotros, cosas que controlamos, en las que podemos hacer algo al respecto. Luego es responsabilidad de la otra persona responder en reciprocidad.

ALGUNAS COSAS DEPENDEN DE NOSOTROS

1. Siempre podemos tener una actitud con gracia.

> Algunos, a la verdad, predican a Cristo por envidia y contienda; pero otros de buena voluntad. Los unos anuncian a Cristo por contención, no sinceramente, pensando añadir aflicción a mis prisiones; pero los otros por amor, sabiendo que estoy puesto para la defensa del evangelio. ¿Qué, pues? Que no obstante, de todas maneras, o por pretexto o por verdad, Cristo es anunciado; y en esto me gozo, y me gozaré aún. Porque sé que por vuestra oración y la suministración del Espíritu de Jesucristo, esto resultará en mi liberación. (Filipenses 1:15–19, Reina-Valera 1960)

El espíritu de Pablo mostrado aquí es increíble, ¿no es cierto? Aunque sus así llamados hermanos están predicando el evangelio motivados por un deseo de generarle más problemas, Pablo escoge enfocarse en el resultado, Cristo siendo proclamado, y no en la motivación errónea que lo originó.

2. Siempre podemos ser humildes.

> No hagan nada por egoísmo o vanidad; más bien, con humildad consideren a los demás como superiores a ustedes mismos. Cada uno debe velar no sólo por sus propios intereses sino también por los intereses de los demás. (Filipenses 2:3–4)

> Por eso yo, que estoy preso por la causa del Señor, les ruego que vivan de una manera digna del llamamiento que han recibido, siempre humildes y amables, pacientes, tolerantes unos con otros en amor. (Efesios 4:1–2)

3. Siempre podemos ser positivos.

> Haced todo sin murmuraciones y contiendas, para que seáis irreprensibles y sencillos, hijos de Dios sin mancha en medio de una generación maligna y perversa, en medio de la cual resplandecéis como luminares en el mundo. (Filipenses 2:14–15, Reina-Valera 1960)

4. Siempre podemos escuchar.

> Por esto, mis amados hermanos, todo hombre sea pronto para oír, tardo para hablar, tardo para airarse; porque la ira del hombre no obra la justicia de Dios. (Santiago 1:19–20, Reina-Valera 1960)

5. Siempre podemos controlar nuestra ira.

Pues la ira humana no produce la vida justa que Dios quiere. (Santiago 1:20)

Conclusión

Yo (Tom) quiero compartir un recuerdo. Conocí a una pareja hace treinta y cinco años que habían estado casados por más de cincuenta años para esa época. Un día dije: "Jake, dime, cuando tu y Aileen tienen un conflicto, ¿cómo lo solucionan?" No dudó ni un momento antes de decir: "¡Pero si nunca tenemos conflictos!".

Ahora, puedes pensar lo que gustes de su respuesta, pero lo comparto aquí para decir que su respuesta no es cierta para la mayoría de las relaciones que conozco que tienen que superar la prueba del tiempo. Podemos aprender a reducir los conflictos, pero no conocemos forma alguna para eliminarlos.

Sin embargo, los conflictos pueden convertirse en oportunidades para crecer espiritualmente así como en ocasiones para profundizar las relaciones. Ambas ocurren cuando manejamos los conflictos a la manera que Dios quiera. El consejo de Santiago difícilmente puede ser mejorado.

Pero si ustedes lo hacen todo por envidia y celos, vivirán tristes y amargados; no tendrán nada de qué sentirse orgullosos, y faltarán a la verdad. Porque esa sabiduría no viene de Dios, sino que es de este mundo y del demonio, y produce celos, peleas, problemas y todo tipo de maldad. En cambio, los que tienen la sabiduría que viene de Dios, no hacen lo malo sino que buscan la paz, son obedientes y amables con los demás; se compadecen de los que sufren, y siempre hacen lo bueno. Tratan a todos de la misma manera, y son verdaderos cristianos. A los que buscan la paz entre las personas, Dios los premiará con paz y justicia. (Santiago 3:14–18, Biblia para todos—Traducción en lenguaje actual)

Haciéndolo una realidad

1. ¿Tienes relaciones rotas en la iglesia?, ¿en tu familia?, ¿en la parte del mundo donde vives?

2. ¿Cuáles son tus sentimientos respecto a buscar la reconciliación?

3. Fíjate en los puntos mencionados bajo "Algunas cosas dependen de nosotros" y evalúa como te va en cada una de estas áreas.

Perdonándonos unos a otros

El Nuevo Testamento pinta una imagen del plan de Dios para los que viven bajo el nuevo pacto. En el lienzo vemos discípulos de Jesús que participan plenamente en las relaciones de los unos con los otros, comprometidos a la unidad, siguiendo el ejemplo de su líder en sacrificar su vida los unos por los otros. Su meta en todas sus relaciones es ser completamente humildes y abiertos a lo que aporten los demás. Sus ideas son mucho más enfocadas en "lo que podíamos hacer el uno por el otro" que en "que es lo mejor para mí". Ahora que ellos han nacido de nuevo, ellos se aman el uno al otro profundamente desde el corazón.

Pero como dijimos en el capítulo 7, la Escritura es realista. Observe cuatro diferentes pasajes donde se reconoce la realidad que hasta los seguidores más serios van a pecar el uno contra el otro.

PECANDO EL UNO CONTRA EL OTRO

Mateo 18:32-35

"Entonces el señor mandó llamar al siervo. '¡Siervo malvado! —le increpó—. Te perdoné toda aquella deuda porque me lo suplicaste. ¿No debías tú también haberte compadecido de tu compañero, así como yo me compadecí de ti?' Y enojado, su señor lo entregó a los carceleros para que lo torturaran hasta que pagara todo lo que debía.

"Así también mi Padre celestial los tratará a ustedes, a menos que cada uno perdone de corazón a su hermano. "

Efesios 4:32–5:2

Más bien, sean bondadosos y compasivos unos con otros, y perdónense mutuamente, así como Dios los perdonó a ustedes en Cristo.

Por tanto, imiten a Dios, como hijos muy amados, y lleven una vida de amor, así como Cristo nos amó y se entregó por nosotros como ofrenda y sacrificio fragante para Dios.

Colosenses 3:13

De modo que se toleren unos a otros y se perdonen si alguno tiene queja contra otro. Así como el Señor los perdonó, perdonen también ustedes.

1 Pedro 4:8

Sobre todo, ámense los unos a los otros profundamente, porque el amor cubre multitud de pecados.

A pesar de nuestro compromiso y determinación a ser fieles el uno al otro, aún vamos a pecar. Y así las Escrituras explican cómo debemos manejar esas situaciones cuando la imagen hermosa está manchada o rota. Esposos y esposas, miembros de la familia, y miembros del cuerpo de Cristo, todos pecaremos.

Cuando esto pase, el pecado duele, daña y separa. Entonces, ¿cómo lo manejamos? Al final, después de que todo este dicho y hecho, debemos perdonarnos el uno al otro. Examinemos seis asuntos relacionados con el perdón.

ACERCA DEL PERDÓN

1. El perdón a menudo no es fácil.

La mayor parte del tiempo, el pecado en contra de nosotros o del cuerpo de Cristo causa dolor. Ese insulto grosero nos penetra. Esa infidelidad causa ira y tristeza. La decepción y la deshonestidad simplemente duelen. El dolor deja huellas y crea una memoria duradera. Es difícil de dejarlo. Cuanto más deliberado parezca ser el pecado, o cuanto más hemos invertido en la relación, generalmente mayor es el dolor que causa. Cuanto mayor sea el dolor, más difícil de perdonar es.

2. El perdón puede ser lo más difícil de dar en la iglesia.

Aquí tenemos expectativas más altas de otros, entonces nos preguntamos: "¿Cómo es que mi hermano o hermana hizo eso y nos hirió tanto?" Cuando estamos involucrados más profundamente en el cuerpo, usualmente tenemos oportunidades de ver los defectos de unos a otros y experimentar nuestros "lados oscuros". Tenemos ciertas expectativas de nuestros amigos y familia en el mundo, pero cuando vemos pecado en nuestros hermanos y hermanas en Cristo, hay más tentación de amargarnos.

3. La mejor artimaña de Satanás puede ser dirigirnos a una situación de no perdonar.

Muchos de nosotros sabemos que la Escritura enseña que Satanás tiene artimañas. Algunas veces hablamos de como él las diseña sólo para nosotros de forma única. Pero ¿has notado el contexto del pasaje que habla acerca de las artimañas de Satanás?

Con este propósito les escribí: para ver si pasan la prueba de la completa obediencia. A quien ustedes perdonen, yo también lo perdono. De hecho, si había algo que perdonar, lo he perdonado por consideración a ustedes en presencia de Cristo, para que Satanás no se aproveche de nosotros, pues no ignoramos sus artimañas. (2 Corintios 2:9–11)

Seguramente Satanás tiene otras artimañas, pero si él nos puede mantener en situaciones donde no perdonemos el uno al otro, no importará cuanto tiempo y energía hemos puesto en la construcción de nuestras relaciones. Si él puede hacer que olvidemos la cruz y lo que nos salva y aplicar un estándar o modelo diferente hacia nuestros hermanos y hermanas, él puede celebrar su victoria. El pecado puede manchar el cuerpo de Cristo. Pero con lo que se ha hecho por nosotros, no hay mancha más fea que la que causa alguien que no perdona. Eso parece ser el significado de la parábola de Jesús en Mateo 18, citada de forma parcial anteriormente.

Somos los deudores de diez millones de dólares pero recibíamos el salario de un sirviente de diecisiete centavos al día y no teníamos ninguna esperanza de pagar la deuda. ¡Sólo necesitaríamos 186,000 años bajo las mejores e irreales condiciones¡ "Dame sólo un poco más de tiempo". ¡En serio! Puedes ver a lo que Jesús se refiere con esto. Cuando el perdonado no perdona, es terrible. Este tipo de pecado no sólo es una violación a la voluntad de Dios; sino que socava el mismo núcleo del evangelio y del corazón del reino de Dios. (Esta parábola era, después de todo, sobre su reino.)

Cuando tenemos una actitud que nos causa decir:

"Simplemente no estoy listo para perdonar a esa persona", debemos preguntarnos a nosotros mismos: "¿Qué es lo que nos va a impulsar?" ¿No nos asombramos al saber no sólo cuanto Dios nos ha perdonado, pero también que lugar de honor nos ha dado en su mesa? Cuando nos encontramos diciendo: "Simplemente no estoy seguro si podría perdonar a esa persona todavía", las siguientes palabras que salen de nuestra boca deben ser: "Dios, tenme misericordia que soy un pecador" o "Señor Jesús, ten misericordia de mí".

Para aquellos que han sido perdonados en gran medida, es repugnante y perturbador que racionen el perdón de manera avara según su comodidad emocional. Sí, puede tomarnos tiempo comprometer nuestras emociones con el perdón, pero no debe caber duda de que este es el punto a donde debemos ir e iremos.

La iglesia es un lugar donde pecaremos contra los otros y donde necesitaremos perdonarnos el uno al otro. La iglesia es un lugar donde el perdón debe ser demostrado y evidente para que todos lo vean. Sabiendo esto, Satanás trabajará de cualquier forma tortuosa que nos anime a mantener la amargura o el enojo.

Santiago 3:14 dice: "Pero si ustedes tienen envidias amargas y rivalidades en el corazón, dejen de presumir y de faltar a la verdad". Si guardamos envidias amargas, las estamos manteniendo en vez de cortar los nudos y dejarlas ir.

4. El perdón es la última carta del triunfo de "los unos a los otros".

Hermanos y hermanas pueden cometer varios errores y tontamente cometer muchos pecados. Las cartas que se juegan contra Dios, contra el cuerpo y en contra de nosotros pueden crecer hasta formar un montón, pero el amor, el cual siempre perdona, puede triunfar sobre todas y cubrir una multitud de pecados (1 Pedro 4:8). En el apéndice 2 se discute lo que la iglesia debe hacer cuando hay pecado continuo del que no se ha arrepentido. Pero el hecho de que la persona no esté abrazada por el cuerpo de Cristo debe resultar por falta de su arrepentimiento, y nunca por falta de nuestro amor y perdón.

5. El perdón debe venir de un corazón agradecido.

El perdón debe ser mucho más que una obligación o una orden que obedecer. Cuando sólo es eso, tiene un potencial de estar ofrecido de manera condescendiente con espíritu moralista, o sin un abrazo total de la persona que fue perdonada.

Cuando somos a los que se les pide perdonar, hay una tendencia de vernos a nosotros mismos en una posición superior a la otra persona. Si lo vemos de esa manera, podemos pecaminosamente saborear nuestra posición y querer que la otra persona se retuerza un poco mientras esperan nuestra decisión. Si el perdón viene de algo que no sea gratitud en nuestro corazón, carecemos pureza de corazón. Pablo nos da el motivo correcto para el perdón:

> Abandonen toda amargura, ira y enojo, gritos y calumnias, y toda forma de malicia. Más bien, sean bondadosos y compasivos unos con otros, y perdónense mutuamente, así como Dios los perdonó a ustedes en Cristo. (Efesios 4:31–32)

Debemos perdonar así como el sirviente en la parábola de Jesús debía perdonar, por estar tan agradecidos por la multitud de pecados que Dios nos perdonó.

6. Debemos ayudar unos a otros a perdonar.
No es inusual encontrar un hermano o hermana batallando por perdonar. Se sienten heridos y decepcionados. Son tentados a decir: "Yo no hubiera hecho eso". Puede que estén en lo correcto, y el mal hecho a ellos puede que sea feo. Pero ellos están situados en el lugar del fariseo que rezó para sí mismo. La amargura se desarrolla en ellos, y puede que quieran que la otra persona tenga más dolor. Cada conversación puede revelar un resentimiento y un corazón amargo. Pero piensa en los principios que ya hemos estudiado.

Debemos enseñar y amonestarnos unos a otros. Si encontramos a alguien en pecado, debemos restaurarlo con apacibilidad y entonces ayudarlos a llevar las cargas de sus pecados fuera de su vida. Debemos provocarnos unos a otros al amor y a las buenas obras.

Cuando una persona no perdona, se amarga, lo cual es un pecado que, irónicamente, puede eclipsar el pecado que no se puede perdonar en el otro. Si hay alguien que necesita ayuda, es aquel que no perdona. Si lo dejamos que mantenga su amargura o su rencor, es como pararse al lado de alguien que apunta una pistola cargada a su cabeza. Y Dios libre que hagamos algo para justificar a la persona (diciendo, por ejemplo: "Estás en lo correcto por sentir lo que sientes") y apoyarlo en su amargura. No, debemos poner atención a las palabras que encontramos en Hebreos 12.

> Busquen la paz con todos, y la santidad, sin la cual nadie verá al Señor. Asegúrense de que nadie deje de alcanzar la gracia de Dios; de que ninguna raíz amarga brote y cause dificultades y corrompa a muchos. (Hebreos 12:14–15)

Debemos tomar a nuestro amigo de la mano, literalmente o en sentido figurado, y caminar con él apaciblemente hasta el pie de la cruz donde podemos meditar y orar. No hay pecado que no podamos perdonar de todo corazón y con generosidad cuando vemos claramente como Jesús, quien no conoció el pecado, se convirtió en pecado, para que en él nosotros podamos ser la justicia de Dios. Puede tomar algo de tiempo ayudar a nuestro amigo llegar a ese punto. El dolor y la ira no se resuelven en un momento, pero no debemos dudar de que este sea el punto donde debemos ir a parar.

Si el perdón no se puede encontrar en la iglesia de Jesucristo, ¿entonces dónde? Los que nos paramos al pie de la cruz y de las montañas sobresalientes de la gracia debemos dar testimonio del evangelio por la forma en que perdonamos los unos a los otros.

Haciéndolo una realidad

1. ¿Por qué el perdón debe ser uno de los aspectos fundamentales en nuestras relaciones de unos a otros?

2. ¿Por qué el perdón a menudo es una batalla para nosotros?

3. ¿Qué es lo que más batallas por perdonar ahora mismo y por qué?

4. ¿Qué verdad bíblica necesitas abrazar más para seguir adelante y perdonar?

5. ¿Qué es algo que has aprendido que te ha ayudado a perdonar?

"Unos a otros" en grupos

En la noche que yo (Tom) escribí esto, me encontraba en uno de mis retiros para escribir, como aquellos en los cuales me he embarcado con casi todo libro que he escrito. Puedo avanzar muchísimo cuando logro enfocarme durante unas cuarenta y ocho horas sin ninguna distracción. Mientras estaba escribiendo, un pequeño grupo se reunía en mi casa. Muy rara vez me pierdo nuestras reuniones y agradezco a Dios por la manera en que veo que cobran vida en ese grupo las relaciones de las que estamos escribiendo. Steve podría decir lo mismo acerca de su grupo, con el cual él sí pudo reunirse esa misma noche.

Hemos dado énfasis particular en este libro a la palabra griega *allelon*: los unos a los otros. Mientras que algunas de las cosas que hemos examinado se practican mejor uno a uno, el término "unos a otros" no sólo significa uno a uno. No solamente funcionamos en relaciones uno a uno, pero muy a menudo en grupos pequeños.

El grupo pequeño fue el centro del ministerio de Jesús. Piensa en cuanto tiempo se pasó solamente con los doce. El grupo pequeño siempre será crucial en nuestra vida común en Cristo y será donde la vida corpórea se experimentará con más intensidad en forma personal. Cualquier iglesia que no tenga algún tipo de estructura de grupo pequeño debiese trabajar por cambiar tan pronto como sea posible. Siendo esto cierto, parece apto ver principios bíblicos de las dinámicas de grupos. Antes de que continúes, te sugerimos que leas los siguientes textos, todos de las cartas de Pablo.

- Romanos 12:5-13
- 1 Corintios 12:21-26
- Efesios 4:1-13
- 1 Tesalonicenses 5:10-28
- Colosenses 4:2-6

Los grupos pueden ser caóticos o armoniosos, aburridos o estimuladores, sanos o disfuncionales, productivos o derrochadores. Aunque se han invertido horas de investigación en el mundo corporativo y académico buscando maneras de hacer que los grupos funcionen en forma más eficaz, uno no encontrará principios en ningún lado que de un modo tan consistente produzcan grupos sanos como aquellos de los cuales acabas de leer en estos pasajes. Los grupos de discípulos no siempre son sanos, pero nunca se debe a que las Escrituras no provean la guía necesaria.

SIETE PRINCIPIOS

Nos enfocaremos en esta sección en siete principios derivados de estos textos, los cuales causarán una gran dinámica en tu grupo cuando los practiques y llames a otros a practicarlos. Si eres un líder de grupo, tu primera tarea es modelar estos principios tu mismo/a y entonces ayudar a tu grupo a entenderlos. Si eres miembro del grupo, necesitas entender que tu compromiso con ellos hará una diferencia en la salud espiritual del grupo.

1. Enfócate en pertenecer y amar (Romanos 12:5, 10).

En este grupo todos se pertenecen unos a otros. Son "miembros unos de otros", algunas traducciones así lo dicen. Este es un grupo de discípulos de Jesús, no el club de jardines. Esta es la familia de Dios, no el Club Rotario. Este es un afloramiento del reino de Dios, no solamente gente con la cual vas a una reunión. Estos son aquellos con los que has sido unido a Cristo. Esta es tu familia espiritual, ahora mismo en este punto de tu vida, es tu familia espiritual más inmediata. Considera todo lo que para ti significa pertenecer, y de ese sentido de pertenecer, sé devoto con el grupo. No simplemente esperes que el líder lo haga.

Sé alguien que da, no solamente alguien que toma. Considera las necesidades. En cada grupo siempre existe una necesidad de alguien que sea bueno para escuchar. No estamos refiriéndonos a personas que solamente son calladas. Nos referimos a oyentes activos quienes formulan preguntas y enganchan a la gente.

Se escribió un libro hace años con el título que se traduce como "el asombroso poder del oído que escucha"[1]. En sí, nos conectamos a un poder de relación necesario cuando escuchamos con toda nuestra mente y corazón. Parte de ser alguien que da significa dar tus oídos a otros. ¿Cómo te calificarían tus amigos como oyente? ¿Quieres hacer cambios?

Toma responsabilidad por como tú afectas al grupo. Has tu parte para hacer el grupo cálido, amoroso, de apoyo, abierto, entusiasta, piadoso. Ora para que Dios te use a ti —sí, a ti— para inspirar al grupo hacia su voluntad.

Si descubres que tu enfoque se desvía hacia "no le saco mucho a este grupo", inspecciona tu corazón y tus acciones. ¿Llegas, tomando ventajas, queriendo obtener cosas gratis, y sintiéndote con derechos; o perteneces, eres devoto y das?

2. Aprecia, afirma y anima los distintos dones (Romanos 12:5-8, 1 Corintios 12).

Asegúrate de que primero abres tus ojos y observas la diversidad en tu grupo. Lo puedes ver aun si tu grupo estuviera conformado por sólo siete hombres del mismo pueblo todos apellidados García. Todos somos muy distintos. Dios nos hizo y luego nos dio dones espirituales de tal forma que todos somos únicos. Sé una persona que aprecia esto y busca formas para animar a otros a medida que ellos usan sus dones.

En la iglesia de la que nosotros los dos autores somos miembros, hicimos una serie de sermones sobre el tema "gozando". Un domingo, acentuamos el hecho que Dios nos ha dado a nuestros hermanos y hermanas para disfrutar de nuestra confraternidad. Sí, habrá desafíos, pero no te pierdas la oportunidad de disfrutar tu grupo, la diversidad que hay en él y las cosas especiales que cada persona le puede agregar.

Cuando se dirige a la diversidad dentro del cuerpo, la Escritura llega hasta acentuar los "miembros más débiles". Nosotros deberíamos de hacer lo mismo. Asegúrate de dar enfoque especial a aquellos que podrían sentirse marginados por la enfermedad o alguna forma de discapacidad. Mantente alerta para detectar a cualquier persona que se siente que no tiene mucho que dar o se pregunta qué lugar ocupa, y ayúdale a ver que por el poder de Dios tiene mucho que dar. Dar honor especial a los débiles es el estilo de Jesús y del reino de Dios.

3. Busca la obra del Espíritu en todas las cosas (1 Tesalonicenses 5:16–19).

El Espíritu siempre está trabajando (Juan 5:17, Romanos 8:28). Mantente vigilante y alerta. No apagues su fuego por medio de tu falta de fe o tu negatividad. Mantente a la expectativa, impaciente para ver lo que él va a hacer con tu grupo.

Permítenos dar un ejemplo. Supongamos que tú tienes lo que parece ser un grupo pequeño perfecto, una imagen de diversidad y armonía. Pero entonces una pareja se tiene que mudar a otra ciudad y luego otra pareja o un soltero se entra a tu grupo, también como resultado de una mudanza. Repentinamente, el grupo aparenta estar desviado. Simplemente no tiene el mismo sentimiento bueno que solía tener. Puedes gimotear: "Me gustaba nuestro grupo como era antes" (y eso de seguro no animará a nadie), o puedes preguntar: "¿Qué hace el Espíritu? ¿Qué es lo que él desea enseñarnos, y en especial a mi?"

Lo que sea que suceda, es una oportunidad para que el Espíritu trabaje. Aprende a enfocarte no en el problema, sino en la oportunidad presentada y en el Espíritu Santo, quien nunca se topa con una situación en la que no pueda trabajar.

Cuídate de la tendencia natural de ver a tu grupo a través de ojos no espirituales, sólo viendo las cosas más bajas de las personas, sus defectos y debilidades. Recuerda estas palabras de Pablo.

> Pero Dios escogió lo insensato del mundo para avergonzar a los sabios, y escogió lo débil del mundo para avergonzar a los poderosos. También escogió Dios lo más bajo y despreciado, y lo que no es nada, para anular lo que es, a fin de que en su presencia nadie pueda jactarse. (1 Corintios 1:27-29)

Lo que Pablo describe sólo se podría hacer realidad por el trabajo del Espíritu. Maravíllate en como el Espíritu tomará a tu grupo "ordinario" y lo usará para avergonzar a las fuertes y poderosas legiones de Satanás.

También cuídate de ver a tu grupo con ojos no espirituales y de buscar pasar tiempo sólo con aquellos con quienes naturalmente enlaces. Dios quiere enseñarnos a nosotros por medio de personas que son diferentes a nosotros. Y él quiere que aprendamos a amarnos unos a otros.

4. Apoya el liderazgo (1 Tesalonicenses 5:12-13).

Ningún grupo puede funcionar por mucho tiempo o con eficacia sin liderazgo, y Dios ha ordenado que haya líderes en su iglesia. Se debe de discutir acerca del tema de los líderes cuando se hable acerca de dinámicas de grupos. No todo liderazgo está manejado de manera santa, pero el concepto de liderazgo en sí es santo.

En este pasaje de 1 Tesalonicenses, Pablo habla de tener respeto por aquellos quienes les "guían y amonestan en el Señor". Va más lejos al decir: "Ténganlos en alta estima, y ámenlos por el trabajo que hacen". Este es un llamado claro a apoyar el liderazgo. Pablo no dice si se refiere a un rol en particular del liderazgo, como los ancianos, pero ¿acaso no todos quienes dirigen, organizan, preparan o cuidan deben tener el más alto de los respetos debido a su trabajo? Una forma de garantizar un grupo disfuncional es tener miembros de grupo que se sientan libres de no entregar su apoyo al líder. Esto envía vibraciones a través de todo el grupo y usualmente influenciará a otros. Esto sienta las bases para la desunión.

La mayoría de los líderes hace lo que Pablo dice en 1 Tesalonicenses 5: trabajan duro entre nosotros. Los líderes son simplemente personas. Si actualmente no eres un líder, quizá hayas sido uno, o posiblemente algún día seas uno. Los líderes son como todos los demás: necesitan palabras de aliento. El liderazgo muy a menudo puede sentirse como un trabajo mal agradecido. Una de las cosas de más ayuda que puedes hacer por tu grupo es preguntar al líder si él/ella percibe tu apoyo y ánimo y preguntar de qué manera puedes mostrarlo más plenamente.

Esto no significa que tienes que estar de acuerdo con todo lo que un líder hace, y no significa que simplemente te tragues cualquier sentimiento y pensamiento que tengas. Por lo contrario, la única dinámica sana ocurre cuando hablamos las cosas con un líder y resolvemos las diferencias que podamos tener. Si alguna vez necesitas traer a un tercero para esa especie de conversación, no dudes en hacerlo, lo cual conduce a nuestro siguiente principio. Pero no olvides el plan de Dios: apoya al liderazgo a menos que el hacerlo provoque que comprometas tus convicciones, y aun así puedes mantener un espíritu sumiso y respetuoso.

5. Soluciona las diferencias; mantén la unidad (Efesios 4:1-7, 15).

¿Recuerdas aquel grupo de sólo siete hombres del mismo pueblo todos apellidados García? Al igual que cada uno de ellos será único, tampoco pensarán exactamente lo mismo aunque sigan al mismo Jesús y lean la misma Biblia. Agregas a la mezcla algunas mujeres, algunos anglosajones y algunos asiáticos, y tienes aun más perspectivas, opiniones y conclusiones distintas. Cada grupo, sin importar que tan homogéneo o diverso, tendrá que lidiar con las diferencias. Es por esto que el capítulo 11 de este libro trata de reconciliarnos a unos con otros.

No te sorprendas cuando haya diferencias. Pedro y Pablo las tuvieron. Hasta el afable y animante Bernabé los tuvo con Pablo. Toma las diferencias como una oportunidad: una oportunidad para que trabaje el Espíritu, una oportunidad de que el hierro se afile con el hierro, y especialmente una oportunidad para que vayamos a la cruz y practiquemos humildad. Pero lo que sea que suceda, ten la pasión de Jesús por la unidad.

6. Sé sensible con los de afuera; busca el traerlos "adentro" (Colosenses 4:2-6).

Para los cristianos, la discusión de dinámica de grupos debe incluir la referencia de los de afuera. En muchas situaciones buscamos agregarlos a nuestro medio, donde esperamos vean relaciones que proclaman que el reino de Dios se encuentra entre nosotros.

"Andad sabiamente para con los de afuera —escribe Pablo— aprovechando bien el tiempo" (La Biblia de las Américas). Cuando los de afuera se encuentran entre nosotros, la dinámica del grupo necesita cambiar. No queremos dar a entender que necesitamos poner una fachada. No queremos dar a entender que necesitamos dejar de ser transparentes. Lo que queremos dar a entender es que debemos evitar comportamientos y palabras comúnmente usadas sólo dentro del grupo, las cuales harían que el de afuera se sienta verdaderamente como un forastero. Algo que está bien decir cuando están presentes sólo los miembros del grupo puede que deje a nuestro amigo visitante sintiéndose como que no se sabe el "saludo secreto", así que pueda que no desee regresar.

Habla de esto con tu grupo. Discute cual es la forma más genuina y sensible de interactuar cuando no cristianos o hasta cuando cristianos que no son de tu confraternidad están entre ustedes.

7. Permanece al pie de la cruz.

Cuando lo pienses, quizá quieras mover este punto al número uno de la lista, o puede que quieras convertirlo en la primer cosa en la que piensas y también en el punto con el que cierras. Lo que diferencia a un grupo cristiano de cualquier otro es la cruz, y cuando sacas la cruz de un grupo cristiano, este se empieza a parecer a todos los demás grupos en el mundo, (simplemente echa un vistazo a la iglesia en Corinto).

Siempre que un grupo no esté funcionando como debiese, o siendo inspirador y animador tal como debiese, la primera pregunta que debiéramos formular es: "¿Dónde está el grupo con respecto a la cruz?" ¿Estamos viviendo la vida en el bautismo?

¿Estamos muriendo y resucitando con Jesús? ¿Hacia dónde se ha entrometido el yo? De manera más personal nos debiésemos de cuestionar, en relación con este grupo: "¿Dónde estoy yo con respecto a la cruz?"

Cada grupo pequeño de los discípulos de Jesús puede ser un microcosmos del reino de Dios. Cada grupo puede ser una escena del trabajo del Espíritu. Seamos agradecidos por aquellos compañeros peregrinos que Dios nos da para acompañarnos en el viaje, y tengamos las actitudes necesarias para vivir para Dios y para unos a otros.

Haciéndolo una realidad

1. Si estuvieses en juicio por el hecho de ser devoto a tu grupo pequeño, ¿qué evidencia se presentaría para condenarte?
2. Escribe los diferentes talentos y fortalezas hallados en tu grupo. ¿Existe una persona "más débil" que ocupe ánimo especial?
3. ¿Qué está ocurriendo ahora en tu grupo que muy bien podría ser una oportunidad para que el Espíritu trabaje (quizá hasta de forma sorprendente)?
4. Pregunta al líder de tu grupo si él o ella siente tu apoyo y ánimo. Ora para que el Espíritu trabaje en esta conversación.
5. ¿Existe algún problema que necesites resolver con cualquiera dentro del grupo?
6. Pregunta a otros como se sienten acerca de tu interacción en el grupo.
7. ¿Necesitas platicar con alguien en tu grupo acerca de ser apropiado y sabio con los de afuera?
8. ¿Cómo es que todo dentro de este capítulo y en el libro converge en la cruz? ¿Dónde estás tú con respecto a la cruz?

La conclusión lógica: comencemos

A estas alturas esperaríamos que estés plenamente convencido de que crear relaciones cercanas, experimentar *koinonia*, y estar unido con discípulos de maneras que animan nuestra transformación es de lo que se trata vivir en el reino de Dios.

Esperaríamos que nunca estuvieses satisfecho sólo con asistir a la iglesia o andar saltando de una congregación a otra para satisfacer tus necesidades. Esperaríamos que estés decidido a vivir la vida en el bautismo entre personas a las que puedes conocer y que te conocerán, mostrando al mundo de que se trata el ser discípulo y el reino de Dios. Eso, esperamos, será la conclusión lógica de este estudio para ti.

Una conclusión práctica

Pero he aquí la verdad: nada de esto significará mucho si no podemos hacer una transición de una conclusión lógica a una conclusión práctica. Para decirlo de otra forma, podemos aprender bastante bien como hablar lo que se debe hablar, pero no significa nada de nada a menos que hagamos lo que decimos. El tener buena teología de relaciones es un buen comienzo, de hecho hasta crucial, pero la palabra debe convertirse en carne. Así que la verdadera conclusión lógica es que debe de haber una aplicación práctica, de la vida real, para estos majestuosos principios y directivas que vienen de Dios.

La buena noticia es que ninguno de nosotros tiene que esperar a que la iglesia lance algún programa para empezar nuevas relaciones o profundizar en las que tenemos. Hoy puedes orar por la convicción con respecto a algo que estudiaste en este libro y luego hacer una llamada telefónica, enviar un correo electrónico, ir a la casa de alguien, o llevar aparte a alguien en la reunión de iglesia, y con esto frotar el fósforo que enciende el fuego que se convertirá en lo que D. Elton Trueblood una vez llamó "la confraternidad incendiaria". Él hablaba sobre una confraternidad donde el fuego del Espíritu no se está apagando y donde los dones de Dios están avivados en llamas por medio de las relaciones.

Todos nosotros podemos empezar, justo donde nos encontramos. Todos nosotros tenemos un fósforo en nuestras manos. Me vienen a la mente las palabras del discurso inaugural del presidente de lo Estados Unidos John F. Kennedy.

> Todo esto no se concluirá en los primeros cien días. Ni se concluirá en los primeros mil días; ni en lo que dure la vida de esta administración; quizás aun ni siquiera en lo que dure nuestra vida sobre este planeta. Aun así, empecemos.

¿Por dónde empezar?

¿Pero exactamente dónde deberíamos empezar? La respuesta dependerá de en donde hemos estado. Algunos de nosotros hemos procurado este tipo de relaciones por muchos años. Eso, sin embargo, no garantiza el que ya las tenemos o que las tenemos en el mismo estado tal como las teníamos hace quince años. Cambios, circunstancias y condiciones, todas ellas cobran su factura en nosotros. Nos alejamos. Nos cansamos. Pecamos. La entropía, la que se asocia con el desorden, no sólo aplica a la ciencia. Un matrimonio, una amistad y la confraternidad de una iglesia, todas ellas pueden empezar a alejarse de lo sano y acercarse a lo que no es tan sano. Es una tendencia natural.

Si esto nos ha sucedido a nosotros, podemos celebrar de nuevo que la Biblia contiene esta gran palabra que salva vidas y que es llamada "arrepentimiento". Nuestro amor y celo pueden ser reencendidos. Podemos volver a hacer las cosas que hacíamos antes (Apocalipsis 2:5). Entonces, si es aquí donde has estado, empieza por recordar aquellas cosas que te condujeron hacia relaciones profundas, y vuélvelas a hacer. Programa esas reuniones regulares, permite a alguien que realmente conozca y cuide tu corazón, da inicio a esos tiempos de oración, deja que la confesión sea parte de tu andar, aparécete en horarios no esperados sólo para animar, busca a otra persona y salgan y sean valientes con respecto a su fe, y hagan esas cosas que crean recuerdos especiales. A ti se te pueden ocurrir más, pero cualquier cosa que hagas, asegúrate de no permitir que buscar la comodidad te controle; permite que Cristo te controle. ¡Empecemos!

Si tus relaciones aparentan reflejar muchas cosas de las que hemos hablado en este libro, alaba a Dios por su gracia la cual te ha traído hasta este punto. Pero no te des por satisfecho. Encara el serio hecho de que por más buenas que te parezcan las cosas, apenas has comenzado. Nuestro modelo a seguir es la relación que tienen el Padre, Hijo y Espíritu. Aún tenemos kilómetros de camino por recorrer antes de obtener el descanso. Ora para que vayas más lejos. Luego date cuenta que ir lejos casi ciertamente significará algo de sufrimiento.

Algunas veces escuchamos: "Cuidado con lo que oras". Probablemente sea mejor decir: "Prepárate para tomar con gusto aquello por lo que oras, sabiendo que te pondrá a prueba y te mejorará, mejorará tus relaciones, y mejorará a otras personas".

Fija tu mirada en Jesús; pide su misericordia. Pero, empecemos.

Si eres un cristiano nuevo, quizá aun con tu cabello un poco húmedo de las aguas del bautismo, este es un mundo muy nuevo para ti. Ojalá que hayas visto en las vidas de los amigos quienes te ayudaron a llegar a Cristo mucho de aquello de lo que hemos hablado. ¿Dónde empiezas? Con un espíritu el cual es de hecho el que necesitamos para mantener nuestras vidas, el espíritu de un aprendiz agradecido y humilde. Estudia cuidadosamente los pasajes que tus mentores te dan. Pero igual de importante, observa sus vidas. Imita su fe y su sacrificio. Observa el compromiso que tienen contigo, y empieza a buscar formas de hacer ese mismo tipo de compromiso con otra persona. Lánzate. No tengas miedo de cometer errores. Comete algunos. Solamente aprende de ellos. No subestimes el efecto que los cristianos más jóvenes pueden tener sobre la confraternidad. Tenéis fósforos especiales para empezar algunas fogatas.

En donde sea que estemos, empecemos.

En caso de que esta sea una nueva enseñanza

Pero permítanos hablar con un grupo más. Algunos de ustedes que están leyendo esto han estado adorando a Jesús y deseando seguirlo por un buen tiempo, pero lo que has leído aquí es algo que rara vez has escuchado enseñarse, y excepto por algunos de los mandamientos o principios, no los has visto en la práctica.

Las personas en tu congregación pueden pertenecer a la iglesia de manera semejante a pertenecer a la asociación de padres de familia. La mayoría no sabe mucho de las vidas de unos a otros. Sin embargo, los de la congregación ayudan a soportar las cargas financieras y visitan a los enfermos, pero el conocer los pecados de otros y soportarlos hasta el punto de obtener victoria es una idea extraña. Tener a alguien en tu vida que conoce tu corazón y te ayuda a que no se endurezca por el engaño del pecado puede que sea sin precedentes en la cultura de tu iglesia. Si intentases ser ese tipo de ayuda para alguien más, no tienes idea de como sería percibido.

¿Qué haces entonces? ¿Dónde empiezas? No intentaremos dar una respuesta simplista o suelta a esta pregunta. Habrá muchos factores a considerar. Pero donde sea que estemos, siempre existe una forma correcta y espiritual de pensar, y, por lo tanto, un lugar correcto para empezar. Nosotros sólo podemos ofrecerte algún consejo para ayudarte.

Tal como has visto en este libro, nuestra relación con otros discípulos es una enseñanza de primer orden y al centro del blanco de tiro. Si vamos a ser cristianos, no podemos ignorar esto tanto como no podemos ignorar nuestra propia relación con Dios. Si no queremos esto, todo esto, entonces la realidad es que no queremos el plan de Dios. Lo que queremos es otra cosa totalmente distinta. Tan difícil como pueda ser el oírlo, queremos una forma de religión que nos tranquilice pero que encaje con nuestro nivel de comodidad y nuestros deseos.

En nuestra experiencia (la cual surge de cerca de setenta y cinco años conjuntos de ministerio, incluyendo nuestras consejerías, conversaciones, lectura y observaciones), se nos encamina a decir que el mensaje que hemos enseñado en este libro como un énfasis principal en el Nuevo Testamento recibe atención marginal en la mayoría de las iglesias, y algo mucho menor a ser enfoque central en la mayoría del resto de las iglesias. Las iglesias pueden tener docenas de programas y un nivel muy alto de actividad, pero muy a menudo hemos observado que un miembro activo puede tener cosas en su vida las cuales desesperadamente ocupan atención. Sin embargo, nadie las sabe, o si las sabe, no aplican los principios bíblicos que les motivarían a involucrarse. En muchos casos la persona que desesperadamente necesita una relación bíblica en la que "el hierro se afile con el hierro" y donde uno lleve las cargas de otro resulta ser el ministro en jefe, o algún otro líder clave. Así que por eso a veces leemos sobre líderes de alto perfil quienes caen en desgracia. ¿De cuántos otros que sufren en silencio nunca nos enteramos?

Si te hemos descrito a ti o a la iglesia a la que asistes, por favor compréndenos. No escribimos para condenarte. Escribimos porque queremos que descubras lo que Jesús tiene verdaderamente guardado para ti. Puede que te encuentres muy reconfortado y amparado en tu fe en este momento, pero por favor sé receptivo con lo que Dios ha planeado, aunque no haya sido parte de la tradición o cultura de tu iglesia. Si esto te describe, tienes el desafío más arduo. Si estas verdades se convierten en tus convicciones, estarás nadando contra la corriente. Pero toma valor: es en este punto cuando Dios hace sus obras más grandes.

¿Entonces, por dónde empiezas? En oración al pie de la cruz, diciendo: "Padre, que no se haga mi voluntad sino la tuya". En oración, pidiendo valor aunque sea sólo para dar el siguiente paso. En oración, buscando a la mejor persona con la cual puedes hablar. En oración, diciendo: "Padre, ayúdame a nunca dejar de buscar hasta que encuentre el tipo de involucramiento profundo con otros cristianos como el que tú quieres que tenga". Podríamos decir más, pero empecemos todos sin importar donde nos encontremos.

¿Qué debe hacer una iglesia?

Todos podemos empezar. Todos podemos encender un fuego. Con todo esto siendo cierto y emocionante, nosotros sí sentimos que ocupamos mencionar algo más. Mientras que todos nosotros de manera individual podemos hacer una diferencia en dondequiera que estemos, Dios ha planeado que los cristianos funcionen en grupos, en iglesias (comunidades de Jesús). Es su plan para que las iglesias representen corpóreamente quien es él. Cuando pasas un poco de tiempo con una congregación, te da cierto aire. Existe una atmósfera. Existe una cultura de iglesia. Existen ciertas cosas que se enfatizan. Existen ciertas cosas con las que la gente está cómoda, y ciertas otras cosas con las que la gente está incomoda.

Siendo esto cierto, no existe duda de que la postura de la iglesia y la cultura de la iglesia animarán o desanimarán las relaciones bíblicas. Así que mientras que los individuos son responsables por ser justos en sus relaciones, las decisiones de los líderes de la iglesia, quienes dan el tono y dirección de ella, animarán o desanimarán un prosperar de las relaciones bíblicas y la práctica de los conceptos de "los unos a los otros".

He aquí el desafío afrontado por un número de líderes de iglesia que conocemos. Están de acuerdo de todo corazón con lo que se ha presentado en este libro. Ellos endosarían completamente esta declaración: "Cada discípulo de Jesús debe vivir una vida de 'los unos a los otros', conectado con otros cristianos e involucrado con ellos de maneras que sean transformadoras". Esos líderes desean mover esto al centro de la vida de la iglesia. Pero ¿cómo hacerlo de la mejor manera? Vemos varias opciones. Para hacer esto un poquito más interesante y fácil de entender, usaremos una forma narrativa de abordarlo, describiendo tres iglesias ficticias. Al escuchar nuestro cuento detectarás un poco de parcialidad.

En nuestro cuento los líderes de las tres iglesias examinaron las Escrituras y determinaron que la mejor forma de cumplir el plan de Dios para las relaciones era que cada cristiano fuese parte de un grupo pequeño. Más allá de este punto común, llegaron a algunas conclusiones diferentes.

TRES EJEMPLOS FICTICIOS

La iglesia de Sierra Vista

En Sierra Vista los líderes estaban convencidos de que ocupaban tener un plan definido para lograr algo de lo que la Escritura valora tanto. El anciano Armando Garza lo dijo así:

> "La iglesia por mucho tiempo ha reconocido la responsabilidad que tenemos de educar a nuestra gente con respecto a la Biblia, y por lo tanto organizamos y ofrecemos clases y pedimos a algunos que enseñen. Pedimos a toda la iglesia que apoye el programa. Existen otras formas en que se podría hacer, pero pedimos a todos que respalden el plan sobre el que todos estuvimos de acuerdo.
>
> "Igualmente tenemos una responsabilidad de alimentar nuestras relaciones. Esos pasajes en Hebreos que son del tipo "cuídense", "tengan cuidado" y "asegúrense", me llaman la atención. Así que, de nuevo, ocupamos generar un plan y pedirles a las personas que lo apoyen. No podemos permitirnos el lujo de dejar esto a la suerte. De hacerlo así, simplemente no sucederá".

Cuando los líderes de esta iglesia examinaron todas las escrituras relacionadas con el tema, observaron que algunas de las cosas que debían hacerse se podrían cumplir mucho mejor cuando se tiene una relación consistente con al menos otra persona, lo cual provoca a ambas personas el conocerse bien. Estaban pensando de manera especial en estas ideas: (a) hablar la verdad en amor, (b) llevar las cargas (del pecado) de los unos a los otros, (c) enseñar y amonestar los unos a los otros, (d) confesar sus pecados unos a otros, y hasta (e) animarse los unos a los otros diariamente para que no sean endurecidos por el engaño del pecado. Conociendo cuan importante sería para las relaciones el alcanzar estos niveles, decidieron organizar un plan de discipulados de los unos a los otros en el cual asignaron a las personas para que fueran parejas con alguien más por al menos un año. Con una congregación de 550 les conllevó a los ancianos, evangelistas, y líderes de grupos femeninos muchas horas (y llamadas telefónicas) para determinar qué era lo mejor. Había tantos asuntos que considerar. El proceso fue un poco agotador.

Finalmente se concluyó. Desde el evangelista y los ancianos hasta el cristiano más nuevo del ministerio de adolescentes, tenían cada nombre en un diagrama esquemático. Hubo una noche donde se enseño al respecto a toda la iglesia. Luego presentaron el plan detallado a los líderes de los grupos pequeños quienes a su vez hablaron con las personas dentro de sus grupos. Sabiendo que los abusos del pasado lastimaron las relaciones de discipulado, Armando animó a las personas a enfatizar la naturaleza "los unos a los otros" de estas relaciones y a no ver esto como el que alguien tuviese autoridad sobre nadie más.

La iglesia de Saratoga

Aunque compartían muchas de las mismas convicciones de la iglesia de Sierra Vista, los líderes de aquí no sintieron que fuese lo mejor designar con quien debía de emparejarse a alguien. Sabían que una forma más voluntaria de abordarlo seguramente significaría que algunas personas se perdieran entre la multitud, pero sintieron que era suficiente ejercicio de su liderazgo el decir a la iglesia: "Estamos convencidos de que es mejor para cada uno de nosotros el tener a alguien con quien nos podamos reunir regularmente y con quien podamos comunicarnos a menudo, mientras que ponemos en práctica este llamado a estar unos con otros".

Para discutir y dar más enseñanza, la iglesia tenía una reunión especial. "Deseamos pedirles que hablen de esto en sus grupos pequeños —dijo el evangelista Dante Brown— y que lleguen a un plan para juntarse con alguien durante todo el próximo año de tal forma que podamos vivir el llamado de Dios de estar involucrados unos con otros. Nos damos cuenta de que habrá muchas otras personas con las que también estarás involucrado, y gracias a Dios por eso. Pero creemos que cada uno de nosotros será bendecido al tener a una persona con la que estemos claramente emparejados. Sí les pedimos que hagan que su líder de grupo pequeño sepa con quien se emparejaron, para que los líderes de la iglesia se aseguren que nadie queda fuera. Siempre estamos abiertos a mejores formas de hacer las cosas, pero les pediríamos que apoyen totalmente estos esfuerzos".

La iglesia de Northport

Los líderes de esta iglesia estaban igual de convencidos de los principios de relaciones que los de sus congregaciones hermanas. Todos ellos, y especialmente el evangelista, Wayne Johnson, estaban comprometidos a mantener estos temas claramente definidos ante la congregación. También se acordó que se animaría a los líderes de grupos pequeños a ser ellos mismos ejemplos en estas áreas y a que tuviesen conversaciones con los miembros de sus grupos para animarlos. También animaron a sus líderes de grupos a proveer una atmósfera de franqueza y confesión en sus grupos.

Cuando alguien nuevo se mudaba convirtiéndose entonces en un miembro dentro de la iglesia, se ejercía una charla cuidadosa para asegurarse que la persona entendiese el hecho de "pertenecer" y "amar con amor fraternal" y que se comprometiera con estos principios. Sin embargo, no sintieron que tuviesen la autorización bíblica para pedirles a las personas a que se involucraran en relaciones específicas de uno con uno. Si esto sucedía, sería bueno, pero esto era algo que querían dejar en manos de cada individuo. Todos los líderes acordaron que a menudo compartirían con la congregación sobre sus propias experiencias en estas relaciones.

TIEMPO DE EVALUACIÓN

Tras un año cada iglesia revisó como habían salido las cosas.

Sierra Vista

En Sierra Vista, algunas personas estaban emocionadas de tener un programa claramente definido. Disfrutaron sus relaciones y sintieron que una vez más estaban recibiendo el discipulado necesario. Otros nunca habían estado satisfechos con las personas con las que fueron emparejados (aunque los líderes les habían hecho la invitación a hablar con ellos acerca de cualquier acomodo que aparentara no ser el mejor). Algunos tenían problemas con el hecho de que los líderes "impusieran" estas relaciones. Algunas de esas personas se cambiaron a una congregación distinta.

En algunas situaciones dos personas más débiles habían sido acomodadas juntas, y ninguna mostraba la iniciativa requerida. En esos casos se apreciaba que reunirse juntos no fue muy consistente.

En totalidad, sin embargo, los líderes de la iglesia sentían que la práctica de este plan ayudó a la iglesia a tener un pastoreo mucho más efectivo, especialmente en asuntos matrimoniales y de citas románticas. Algunos que habían estado escondiendo hábitos de ver pornografía los sacaron a la luz y empezaron a tratarlos. Algunos con potencial de liderazgo obtuvieron más atención.

Durante el año hubo problemas considerables cuando se añadían nuevas personas al cuerpo. Los líderes intentaron asegurarse de que nadie tuviese demasiada carga que llevar con los compromisos de los unos a los otros.

Mientras el año llegaba a su fin, los líderes llegaron a sentir una carga pesada al tener que hacer los arreglos de parejas para el año nuevo. No parecía ser más fácil la segunda vez en que se hacía. ¿Se deja a las personas juntas si van bien? ¿Se mezclan? Pero cuando se les preguntó si se arrepentían de sus planes, dijeron que no.

Saratoga

Saratoga reportó que en general estaban animados. Algunos de los grupos sí tuvieron un poco de problemas para acomodar las parejas. En muchos casos casi todos en el grupo querían que los emparejaran con el líder del grupo, pero luego vieron que eso sería imposible.

Varios grupos se reportaron a los líderes sugiriendo una rotación la cual tendría a las personas cambiando de parejas cada cuatro a seis meses. Eso se aprobó, permitiendo a los líderes de grupos pequeños el pasar más tiempo con varias personas y permitiendo a los miembros del grupo el conocer a otros mucho mejor. Cuando eran agregadas nuevas personas, los grupos descubrieron como integrarlas, y algunas veces eso significaba el hacer algunos cambios aun antes del límite de los cuatro a seis meses.

Cuando se acercaba el nuevo año, no había necesidad de que toda la iglesia generase un nuevo esquema. Cada grupo pequeño manejaba sus propias conexiones. En totalidad, parecía que los discípulos en Saratoga sentían que eran respetados y que se satisfacían sus necesidades.

Northport

A medida que Wayne Johnson y otros en Northport continuaban predicando y enseñando sobre el tema de "los unos a los otros", el nivel de franqueza y sinceridad en sus grupos pequeños sí se incrementó. Hubo ejemplos sobresalientes en la iglesia de personas quienes se conectaron unas con otras en formas llenas de propósito y oración, pero también hubo personas quienes pasaban por desapercibidas y eventualmente desarrollaron problemas, los cuales aumentaron mucho antes de que cualquiera supiese de ellos. Si un problema aparentaba estarse desarrollando, había una tendencia a que las personas pensaran: "No soy el adecuado para reunirme con esa persona", junto con "Estoy seguro que alguien más lo hará". Ese "alguien" rara vez aparecía.

Al comparar los resultados de cada iglesia, parecía que el nivel más alto de frustración y desencanto era el de Northport. Los líderes deseaban ver relaciones santas, y se sintieron motivados por los reportes de los grupos pequeños. Pero sentían que demasiados asuntos de pecado y conflicto no estaban siendo atendidos efectivamente, y por lo tanto tenían trabajo que hacer.

Si eres un líder de iglesia, tú y tus compañeros en el liderazgo necesitaran luchar con asuntos como los que encararon estas iglesias. Lo diremos de nuevo: ocuparan luchar con estos asuntos. *Somos llamados a una vida de "los unos a los otros". Tu iglesia es llamada a una vida de "los unos a los otros".* ¿Cómo animarás y nutrirás esto? Si no eres un líder de iglesia, aprecia la responsabilidad que tienen tus líderes. Habla con ellos, comparte tus puntos de vista, pero al final preséntate listo para apoyarlos.

El reino de Dios sin duda alguna no se muestra al mundo por las maniobras políticas o un arrebato de poder. Nuestras muchas horas de oración personal, nuestro estudio bíblico cuidadoso o nuestro arsenal de programas ni siquiera muestra el reino. Se muestra supremamente por medio de la manera en que amamos, eso es, cuanto estamos comprometidos los unos con los otros (Juan 13:34–35). A como decidamos fomentar estas relaciones y crear una cultura en la cual crecerán y abundarán, no debe caber duda en la mente de nadie de que vamos a vivir una vida de "los unos a los otros".

Dondequiera que hayamos estado, dondequiera que se encuentre nuestra iglesia en este momento, empecemos. Empecemos hoy.

Haciéndolo una realidad

1. ¿En qué plan has estado trabajando para fortalecer tus propias relaciones?

2. ¿Qué ha sucedido que más te motiva hasta ahora?

3. ¿Qué puedes hacer para fomentar las relaciones en tu congregación?

4. ¿Qué convicción tienes con respecto a las relaciones que quieres mantener para toda tu vida?

Apéndice Uno
Filipenses: un estudio de las relaciones

> Pase lo que pase, compórtense de una manera digna del evangelio de Cristo (NVI); sólo les pido que vivan dignamente, como lo enseña la buena noticia de Cristo (Biblia en lenguaje sencillo). De este modo, ya sea que vaya a verlos o que, estando ausente, sólo tenga noticias de ustedes, sabré que siguen firmes en un mismo propósito, luchando unánimes por la fe del evangelio. (Filipenses 1:27)

Algunos comentaristas ven la carta a los filipenses como una colección de frases de ánimo, exhortaciones, y desafíos sin ningún tema central. Un comentarista dice que el tema es el genérico "vivir la vida cristiana". Nosotros lo vemos distinto. Vemos que la enseñanza de filipenses de vivir "de una manera digna del evangelio" se trata en su esencia de vivir como participantes en el evangelio (1:5), abundando en amor (1:9), viviendo para el jubiloso avance en la fe (es decir, viviendo para otros) (1:25), siendo juntos en un espíritu y estando unidos como un hombre por la fe del evangelio (1:27). En otras palabras, vemos el tema principal como el de las relaciones que tenemos los unos con los otros.

El evangelio trata de un hombre entregando su vida por otros. Una vida digna de (apropiada para) el evangelio es aquella en la que entregamos nuestra vida por otros. Ese tema es continuo en Filipenses. El vivir como un discípulo significa estar conectado con otros, el cuidar de otros, el dar a otros, el permanecer unido a otros.

Lo que Pablo dice al final del capítulo 1 nos prepara para lo que nos dirá en el capítulo 2: "afecto y compasión"; "siendo del mismo sentir, conservando el mismo amor, unidos en espíritu, dedicados a un mismo propósito" (vv1-2, La Biblia de las Américas) y "consideren a los demás como superiores a ustedes mismos" (v3-4). Luego llega el gran pasaje acerca del hombre quien entregó su vida por la de los demás (vv5-11) y el llamado para que nosotros tengamos la misma forma de pensar o actitud.

En los versículos 12 y 13 tenemos un pasaje del que a menudo se hace referencia.

> Así que, mis queridos hermanos, como han obedecido siempre —no sólo en mi presencia sino mucho más ahora en mi ausencia— lleven a cabo su salvación con temor y temblor, pues Dios es quien produce en ustedes tanto el querer como el hacer para que se cumpla su buena voluntad. (Filipenses 2:12-13)

Generalmente, discutimos esta escritura fuera del contexto bajo el que aparece. Para poder ver el contexto total de esta escritura y habiendo notado lo que le precede, es bueno ver lo que viene después.

En la última mitad del capítulo, Pablo presenta tres ejemplos de cristianos quienes están viviendo para otros.

a. Pablo mismo (v17):

> "Y aunque mi vida fuera derramada sobre el sacrificio y servicio que proceden de su fe, me alegro y comparto con todos ustedes mi alegría".

b. Timoteo (vv19-20): "Se preocupe de veras por el bienestar de ustedes".

c. Epafrodito (vv25, 30): "...mi hermano, colaborador y compañero de lucha...arriesgando la vida para suplir el servicio que ustedes no podían prestarme".

El tema constante a través del capítulo 1 y capítulo 2 es compañerismo, confraternidad, afecto, unidad, conexión y el entregar nuestras vidas por nuestros hermanos y hermanas. Comparte abiertamente acerca de cómo se siente al respecto, lo enseña, y da ejemplos para ilustrarlo.

Siendo esto verdad, ¿cómo es que debemos entender los versículos 12 y 13?

En este contexto, ¿qué es lo que nos ha traído la salvación? ¿Acaso no se trata de una relación con Dios y relaciones con otros? ¿Acaso no hemos sido salvados del mundo de relaciones vacías y rotas? Sabemos que "ocupaos en vuestra salvación" (La Biblia de las Américas) no significa trabajar para obtener salvación (3:9 dentro de esta carta, y otros lugares), así que ocuparse en ella debe referirse a expresarla, ponerla a trabajar, dejarla hacer el propósito que tiene. Y así que dentro de este contexto nos parece que ocuparte en tu salvación tiene todo que ver con trabajar en tus relaciones y trabajar para tus relaciones.

El llamado a hacer esto con "temor y temblor" puede aparentar referirse a algo que es único de nuestra relación con Dios y puede provocar que algunos piensen que esto no se refiere a las relaciones humanas. Pero considera un hecho sumamente interesante. Las únicas otras veces en que se hace referencia a temor y temblor en el Nuevo Testamento ambas son ocasiones cuando Pablo habla sobre las relaciones humanas.

- 1 Corintios 2:3: "Y estuve entre vosotros con debilidad, y con temor y mucho temblor" (La Biblia de las Américas).
- 2 Corintios 7:15: "Y él les tiene aún más cariño al recordar que todos ustedes fueron obedientes y lo recibieron con temor y temblor".

Y entonces escuchamos dentro de Filipenses 2 (v13): "pues Dios es quien produce en ustedes tanto el querer como el hacer para que se cumpla su buena voluntad". ¿Acaso no está Dios trabajando dentro de nosotros para unirnos? ¿Acaso no es este su mismo propósito (Efesios 2:15)? ¿Acaso no todos los elementos en el fruto del Espíritu, que está en nosotros, provocarán que demostremos la máxima preocupación los unos por los otros?

En el capítulo 3, Pablo no trata directamente de las relaciones, pero trata de las enseñanzas (de "esos perros") que pueden estorbar la confraternidad. En el capítulo 4 regresa inmediatamente a tratar específicamente de las relaciones.

> Por lo tanto, queridos hermanos míos, a quienes amo y extraño mucho, ustedes que son mi alegría y mi corona, manténganse así firmes en el Señor. Ruego a Evodia y también a Síntique que se pongan de acuerdo en el Señor. Y a ti, mi fiel compañero, te pido que ayudes a estas mujeres que han luchado a mi lado en la obra del evangelio, junto con Clemente y los demás colaboradores míos, cuyos nombres están en el libro de la vida. (Filipenses 4:1–3)

Regresa a las expresiones personales de afecto: "queridos hermanos míos, a quienes amo y extraño mucho..." (v1).

Designa específicamente por nombre a dos hermanas cuya relación de alguna forma está rota (v2). Les llama a ponerse de acuerdo otra vez en el Señor. Sólo podemos adivinar que estas mujeres, arduas trabajadoras quienes habían luchado por el evangelio, tenían considerable influencia en la iglesia, y que su conflicto habría afectado a otros. Es una cosa intrigante que Pablo se dirige a ellas en una carta que se iba a leer públicamente en la iglesia.

Llama a un "fiel compañero" (en el NVI en inglés se traduce como "compañero de yunta". ¡Este sí que es un término de relación!) para que se reúna con estas dos hermanas a ayudarles a resolver su problema.

Al enseñar Filipenses 4:4-9, ¿cuántos de nosotros hemos sido culpables de no poner la menor atención al contexto? Como abogado del "contexto, contexto, contexto", yo (Tom) debo declararme culpable. Yo mismo he fallado en mi lectura personal de este pasaje. Pero piensa conmigo ahora en el pasaje bajo el contexto de relaciones correctas como la "manera digna del evangelio".

> Alégrense siempre en el Señor. Insisto: ¡Alégrense! Que su amabilidad sea evidente a todos. El Señor está cerca. No se inquieten por nada; más bien, en toda ocasión, con oración y ruego, presenten sus peticiones a Dios y denle gracias. Y la paz de Dios, que sobrepasa todo entendimiento, cuidará sus corazones y sus pensamientos en Cristo Jesús.
>
> Por último, hermanos, consideren bien todo lo verdadero, todo lo respetable, todo lo justo, todo lo puro, todo lo amable, todo lo digno de admiración, en fin, todo lo que sea excelente o merezca elogio. Pongan en práctica lo que de mí han aprendido, recibido y oído, y lo que han visto en mí, y el Dios de paz estará con ustedes. (Filipenses 4:4-9)

"Alégrense siempre en el Señor". He enseñado mucho al respecto, y lo he predicado a menudo a mí mismo. Pero asumamos por un momento que Pablo no ha abandonado su tema de relaciones para nada. Asumamos que los filipenses están preocupados por estas discípulas quienes no están unidas. Después de todo, a eso acaba de hacer referencia. Pablo les está recordando que permanezcan enfocados en el Señor y el gozo que hay en él. Y entonces dice algo lo cual dentro de este pasaje siempre me ha costado trabajo comprender: "Que su amabilidad sea evidente a todos". Simple y sencillamente no parecía encajar del todo con alegrarse y con no inquietarse. Pero cuando pensamos en un contexto de relación, esto tiene mucho sentido. Pablo parece estar diciendo: "Mientras solucionan estos desafíos de las relaciones, continúen alegrándose en el Señor, y sigan mostrando apacibilidad (paciencia o consideración) unos a otros, confiando en que el Señor está cerca".

Y entonces podríamos seguir leyendo con el mismo punto de vista de esta escritura y escuchar: "No estén ansiosos acerca de estas relaciones, sino oren al respecto y dejen a Dios cuidar sus corazones y que les dé paz". ¿Aplican a muchas de las situaciones en nuestras vidas los principios que hablan acerca de regocijarse, orar y encontrar paz? Definitivamente. Pero puede muy bien ser que Pablo escribió esto primero a amigos queridos a quienes él amaba y extrañaba con el afecto de Jesús, para ayudarlos en sus relaciones. Sujetándonos a esa idea, mira lo que viene a continuación.

> Por último, hermanos, consideren bien todo lo verdadero, todo lo respetable, todo lo justo, todo lo puro, todo lo amable, todo lo digno de admiración, en fin, todo lo que sea excelente o merezca elogio. Pongan en práctica lo que de mí han aprendido, recibido y oído, y lo que han visto en mí, y el Dios de paz estará con ustedes. (Filipenses 4:8–9)

¿Debiésemos de pensar que Pablo habló acerca de esta relación problemática en la iglesia y después, de manera aleatoria, cambio de tema a una filosofía general que trata de pensar positivamente? Nosotros no lo pensamos así. Cuando las relaciones estén tirantes, ¿qué es lo mejor que se puede hacer? ¿Acaso no es enfocarse en lo que es correcto, admirable y digno de alabanza dentro de la vida de alguien? En un matrimonio, en una amistad tirante o en cualquier relación, ¿acaso no es eso lo que ayuda a las personas a obtener perspectiva? Si ambas hermanas de las que habla la escritura hubiesen trabajado duro y luchado por el evangelio, ¿acaso no se darían por bien servidas al poner el énfasis en las cosas correctas dentro de las vidas de las unas a las otras?

Pablo termina Filipenses (vv10–23) primero hablando más acerca de su relación con los cristianos Filipenses (vv10–19), segundo, alabando a Dios (v20) y finalmente, hablando tres veces de cristianos "saludándose" los unos a los otros (vv20–23). La palabra *aspazomai* significa literalmente "abrigar con los brazos", y a menudo se traduce como "abrazar". Pablo empezó esta carta hablando sobre mostrar el afecto de Jesús, y la termina con el tipo más cálido de terminología referente a las relaciones.

Como lo entendemos, el vivir de "una manera digna del evangelio" significa primero y sobre todo estar dentro de relaciones donde amamos, escuchamos, somos considerados, somos humildes y dejamos a otros ayudarnos a solucionar nuestras diferencias, para que podamos "luchar unánimes por la fe del evangelio".

Apéndice Dos
Relaciones de discipulado con el Espíritu Santo

Este artículo fue escrito por James Gitre de Austin, Texas, y apareció en el sitio de Internet Disciples Today en marzo del 2008. Pensamos que era un buen complemento al libro y que amplifica en particular la información del capítulo 6. Se incluye aquí con permiso del autor y del sitio Disciples Today. Nuestras gracias a ambos.

Mientras los años han pasado como cristiano, estoy asombrado por la manera en que Dios trabaja por medio de relaciones de discipulado, o relaciones de los uno a los otros. Algunas veces es desordenado y no siempre es bonito, pero de alguna forma Dios trabaja. Él trabaja a pesar de nuestras debilidades, pecados y fallas[1].

Consecuentemente, mi fe es fortalecida por el conocer que yo adoro a un Dios quien puede usar instrumentos menos que perfectos para cumplir sus fines perfectos. ¿Exactamente qué fin busca Dios en nuestras relaciones de discipulado? "Hasta que Cristo sea formado en [nosotros]" es como Pablo lo expresó (Gálatas 4:19).

Este articulo, sin embargo, no es una defensa de este tipo de relaciones, hay otros quienes ya han hecho esto[2]. Pero podríamos preguntarnos a nosotros mismos: si las relaciones de discipulado tienen como meta el parecerse a Cristo, o el transformarse, ¿estamos usando todos los medios disponibles para cumplir esta tarea? ¿Será posible que en nuestro esfuerzo por practicar lo que Dios ha ordenado, hemos pasado algo por alto? Esta es la pregunta que este artículo busca explorar. Con esto en mente, considera lo siguiente:

> Así, todos nosotros, que con el rostro descubierto reflejamos como en un espejo la gloria del Señor, somos transformados a su semejanza con más y más gloria por la acción del Señor, que es el Espíritu. (2 Corintios 3:18)
>
> Le pido que, por medio del Espíritu y con el poder que procede de sus gloriosas riquezas, los fortalezca a ustedes en lo íntimo de su ser, para que por fe Cristo habite en sus corazones. (Efesios 3:16–17a)
>
> Y si el Espíritu de aquel que levantó a Jesús de entre los muertos vive en ustedes, el mismo que levantó a Cristo de entre los muertos también dará vida a sus cuerpos mortales por medio de su Espíritu, que vive en ustedes.
> Por tanto, hermanos, tenemos una obligación, pero no es la de vivir conforme a la naturaleza pecaminosa. Porque si ustedes viven conforme a ella, morirán; pero si por medio del Espíritu dan muerte a los malos hábitos del cuerpo, vivirán. Porque todos los que son guiados por el Espíritu de Dios son hijos de Dios. (Romanos 8:11–14)
>
> ...según la previsión de Dios el Padre, mediante la obra santificadora del Espíritu, para obedecer a Jesucristo y ser redimidos por su sangre... (1 Pedro 1:2)

De una manera u otra y de distintos ángulos, cada uno de los pasajes anteriores toca el concepto de transformarse para parecerse a Cristo[3], lo cual, tal como lo hemos indicado, es la meta de las relaciones de discipulado. Lo que quizá no hayas notado es que cada uno de los pasajes mencionados también habla acerca del Espíritu como alguien primordial para este trabajo. Esto es, por medio del Espíritu participamos en un ministerio transformador que es aún más glorioso que el que se le dio a Moisés, con su rostro resplandeciente y todo (2 Corintios 3:18); tenemos poder en nuestro ser interior para hacer a Cristo una realidad en nosotros (Efesios 3:16); se nos da la vida de resurrección para derrotar el pecado (Romanos 8:13) y, finalmente, somos santificados para la obediencia (1 Pedro 1:2). Todo esto se cumple por medio del ministerio del Espíritu Santo. Considere la siguiente observación de Sinclair Ferguson.

> Los únicos recursos de tal santificación se encuentran en Cristo. Nuestra santificación es la santificación misma de Cristo en nuestra humanidad, aplicada progresivamente en nosotros y hecha realidad en nosotros a través del ministerio del Espíritu Santo[4].

Este autor marca un punto crucial: nuestra transformación no es meramente un proceso humano, sino un imperativo divino labrado por el Espíritu Santo. Este es el mismo Espíritu que nos metió en unión con Cristo. Y este es el mismo Espíritu dentro de cada discípulo bautizado de Jesús.

Así que, entonces, hacemos una pausa para considerar las implicaciones de lo anterior en nuestra discusión: para saber, si Dios pretendía que nuestras relaciones de discipulado ayudasen a formar a Cristo en los unos a los otros y si Dios dio su Espíritu por esta misma razón[5], ¿cómo interactuamos los unos con los otros de tal modo que trabajemos en armonía con el Espíritu de Dios, y no separados de él? Esta es una dimensión la cual creo aún tenemos que reconocer plenamente.

Para responder a esta pregunta y adentrarnos más a nuestro cuestionamiento, examinaremos brevemente la relación entre el Espíritu y el discípulo como individuo en cuanto a lo que concierne el pecado. ¿Por qué enfocarse en el pecado? Dicho de manera simple, este es el enemigo mortal que amenaza nuestro progreso en el discipulado, buscando atraparnos en cualquier oportunidad y devorar nuestra vitalidad espiritual (Hebreos 12:1). En concreto, el pecado se encuentra en la primera línea de la lucha espiritual. Por lo tanto, si podemos obtener una perspectiva más informada de la Biblia acerca del Espíritu en esta área, entonces, creo yo, estaremos mejor preparados para ampliar nuestros horizontes teológicos. Con ese fin, consideremos lo siguiente:

> ¿No saben que el que se une a una prostituta se hace un solo cuerpo con ella? Pues la Escritura dice: «Los dos llegarán a ser un solo cuerpo.» Pero el que se une al Señor se hace uno con él en espíritu.
> Huyan de la inmoralidad sexual. Todos los demás pecados que una persona comete quedan fuera de su cuerpo; pero el que comete inmoralidades sexuales peca contra su propio cuerpo. ¿Acaso no saben que su cuerpo es templo del Espíritu Santo, quien está en ustedes y al que han recibido de parte de Dios? Ustedes no son sus propios dueños. (1 Corintios 6:16–19)

Al combatir la inmoralidad sexual, las palabras de Pablo tienen una carga directa sobre nuestra discusión. Dando seguimiento a una de sus muchas declaraciones de "no saben" de la misiva corintia (v19), Pablo dice algo de gran significado e importancia: somos un templo de Dios por su Espíritu. Los pecados en contra del cuerpo tienen una dimensión que va más allá del acto físico en sí. Es pecado en contra del mismísimo Espíritu de Dios quien habita en su interior, y es como unir físicamente a los miembros de Cristo en esta actividad pecaminosa. Este es un pensamiento repulsivo, y uno que nos debe ensombrecernos[6].

Quizá podríamos desechar esta advertencia si no hemos cometido inmoralidad sexual. Pero todos nosotros hemos inscrito a los miembros de nuestro cuerpo como mercenarios del pecado de un modo u otro en alguna que otra ocasión, ya sea por medio de la lujuria de los ojos en el Internet, o la avaricia de los pies que buscan la riqueza, o un sinfín de pecados. Consideremos otro pasaje con la misma idea.

> Si de veras se les habló y enseñó de Jesús según la verdad que está en él. Con respecto a la vida que antes llevaban, se les enseñó que debían quitarse el ropaje de la vieja naturaleza, la cual está corrompida por los deseos engañosos; ser renovados en la actitud de su mente; y ponerse el ropaje de la nueva naturaleza, creada a imagen de Dios, en verdadera justicia y santidad... No agravien al Espíritu Santo de Dios, con el cual fueron sellados para el día de la redención. (Efesios 4:21–24, 30)

En lo anterior, Pablo amonesta a los discípulos efesios para "quitarse" su antiguo ser y "ponerse" el nuevo ser en respuesta a "la verdad que está en [Jesús]". Después de enumerar una cantidad de actitudes y comportamientos pecaminosos específicos que debían quitar, Pablo concluye explicando que el vivir de una manera contraria a nuestro llamado supremo es agraviar al mismísimo Espíritu de Dios. ¿Qué podemos aprender de esto? Principalmente, cuando tú y yo pecamos, nuestro pecado encuentra al Espíritu de Dios. No pecamos solos. Y no pecamos separadamente. La campaña de violencia contra nuestras almas no se emprende en la oscuridad o en las penumbras. Es atestiguada por el Espíritu Santo. Y él no es neutral con respecto al pecado.

Al haber examinado la interacción entre nuestro pecado y la respuesta del Espíritu que esto provoca, ahora, creo yo, estamos listos para regresar a nuestra discusión principal y por lo tanto sacar varias conclusiones que nos permitirán avanzar en nuestra meta de trabajar con armonía con el Espíritu dentro de nuestras relaciones de unos a otros de manera sana.

Primero, ya que el Espíritu de Dios está dentro de cada discípulo, debiésemos tratarnos los unos a los otros con respeto.

No sigas leyendo demasiado rápido. Permite que esto se asiente. Muy a menudo en mi celo por tratar con el pecado de otro, no siempre he actuado de una manera que reconozca y afirme apropiadamente que ellos también son santificados por el Espíritu de Dios. Considera las palabras de Pablo a la iglesia en Corinto, una iglesia no precisamente muy reconocida por su fidelidad espiritual.

> A la iglesia de Dios que está en Corinto, a los que han sido santificados en Cristo Jesús y llamados a ser su santo pueblo, junto con todos los que en todas partes invocan el nombre de nuestro Señor Jesucristo, Señor de ellos y de nosotros...(1 Corintios 1:2)
>
> Y eso eran algunos de ustedes. Pero ya han sido lavados, ya han sido santificados, ya han sido justificados en el nombre del Señor Jesucristo y por el Espíritu de nuestro Dios. (1 Corintios 6:11)

Aun mientras trata algunos problemas inquietantes (inmoralidad sexual, incesto, ebriedad, divisiones, sólo por mencionar algunas), Pablo reconoce a estos cristianos cargados de pecado como recipientes del Espíritu de Dios[7]. Incluso llega al extremo de afirmar que ellos son como una carta de alabanza de Cristo, escrita por este mismo Espíritu.

> Ustedes mismos son nuestra carta, escrita en nuestro corazón, conocida y leída por todos. Es evidente que ustedes son una carta de Cristo, expedida por nosotros, escrita no con tinta sino con el Espíritu del Dios viviente; no en tablas de piedra sino en tablas de carne, en los corazones.
> Ésta es la confianza que delante de Dios tenemos por medio de Cristo. (2 Corintios 3:2–4)

Así que, también, nosotros debemos esforzarnos por perforar el espeso y sofocante velo del pecado para permitirle al fuego del Espíritu que nos guíe a cada uno de nosotros de regreso a Jesús, de regreso a la cruz. Con amor debiésemos de inspirarnos los unos a los otros a honrar la posición privilegiada en Cristo de cada uno de nosotros como hijos del rey rescatados por amor. De lo contrario corremos el riesgo de vernos unos a otros como "problemas a ser solucionados" en vez de vernos como "misterios" a ser disfrutados[8]. Lo primero nos dirige a vernos unos a otros con menosprecio; lo segundo a ver arriba hacia Cristo.

Segundo, deja que el Espíritu haga la labor de convencer.

> Y cuando él venga, convencerá al mundo de su error en cuanto al pecado, a la justicia y al juicio. (Juan 16:8)

Cuando se trata de confrontar el pecado, date cuenta que el Espíritu Santo también trabaja para convencer al individuo. Él o ella pueden haber ignorado su pecado o haber construido racionalizaciones de apoyo a sus acciones, pero el Espíritu no lo pasa por alto. Por nuestra parte, podemos asistir en este proceso al acercar la palabra de Dios, la espada del Espíritu (Efesios 6:17), para conllevar la situación.

> Ciertamente, la palabra de Dios es viva y poderosa, y más cortante que cualquier espada de dos filos. Penetra hasta lo más profundo del alma y del espíritu, hasta la médula de los huesos, y juzga los pensamientos y las intenciones del corazón. (Hebreos 4:12)

Todos nosotros quienes nos convertimos en cristianos podemos testificar que tan poderosamente trabajaba el Espíritu de Dios para llevarnos al arrepentimiento de la vida de pecado y sin Dios. ¿Pensamos que esta actividad divina se detiene una vez que llegamos al otro lado de la cruz?

Así que cuando necesitamos tener una de esas charlas difíciles, podemos tener confianza de que el Espíritu de Dios está trabajando en armonía con nosotros para atraer al individuo de regreso hacia el arrepentimiento y a una relación reconciliada con Dios.

Tercero, podemos dar lugar a que el Espíritu trabaje.

Cuando hemos hablado con un hermano o hermana y hemos sido francos y honestos con respecto a nuestras preocupaciones, y esto no ha sido correspondido con una respuesta apropiada de primera instancia, podemos continuar tomando el asunto con confianza al saber que Dios también está trabajando por medio de su Espíritu[9]. El Espíritu Santo no es pasivo. Se encuentra trabajando. Puede que no desemboque al tipo de conclusión dramática y decisiva que se ve en el libro de Hechos capitulo 5 con Ananías y Safira, pero no pasa desapercibido. Dios revelará los pecados del hombre. Por lo tanto, algunas veces necesitamos dejar el trabajo en las manos de Dios. No existen los pecados "gratis".

Con los anteriores puntos en mente, ¿cómo es que podemos traer al Espíritu para que conlleve nuestras relaciones? Dicho de manera simple, podemos incluir al Espíritu en nuestras discusiones de los unos con los otros. Como, por ejemplo, en una conversación reciente que tuve con un hermano sobre un pecado en particular que continuaba manifestándose a pesar de numerosos intentos previos de tratarlo, le pregunté al hermano: "¿Cómo supones que se siente el Espíritu Santo al respecto?" Respondió correctamente que sus acciones (o falta de ellas) estaban afligiendo al Espíritu Santo.

Este tipo de cuestionamiento encaminó la discusión por un eje totalmente nuevo y puso los asuntos bajo un marco de referencia totalmente diferente. Ya no fue necesario insistir o persuadir más de mi parte. Ahora era su decisión si continuar con la misma línea de conducta o girar hacia Dios en arrepentimiento.

Este no es ningún truco ministerial astuto; de hecho se encuentra a tono con los numerosos pasajes que nos dirigen hacia el Espíritu como núcleo de la vida cristiana. De hecho, ni siquiera podemos vivir la vida separados del poder del Espíritu. Atestigua la cuidadosa exhortación de Pablo en lo siguiente:

> Dios no nos llamó a la impureza sino a la santidad; por tanto, el que rechaza estas instrucciones no rechaza a un hombre sino a Dios, quien les da a ustedes su Espíritu Santo. (1 Tesalonicenses 4:7–8)

Pablo pudo haber terminado su suplica diciendo que estaban

rechazando a Dios (¡y esto hubiese sido suficiente!). Pero Pablo, guiado por el Espíritu Santo, les recordó que la presencia del Espíritu era un regalo de Dios. El rechazo al llamado a la santidad no era un rechazo al hombre. Era un rechazo a Dios, quien dio el Espíritu. Al hacer esto, Pablo mantuvo al Espíritu a la vista para estimular a que sus pensamientos fuesen de vida santa. Así que, también, debiéramos recordarnos unos a otros que llevamos un regalo divino, (y sí es un regalo). Somos santificados por el Espíritu de Dios, y continuamos en santidad debido a este mismo Espíritu.

En conclusión, creo que si vamos a llegar a ser más efectivos en nuestras interacciones unos con otros, debemos de dar la debida consideración a la creencia de que el Espíritu trabaja activamente dentro de cada discípulo. Además, necesitamos responder de tal forma que trabajemos en armonía con el Espíritu para reconciliarnos continuamente unos a otros con Dios bajo una fidelidad cada vez mayor (2 Corintios 5:18). Creo que esto es una dimensión que merece nuestra cuidadosa consideración, oración y exploración.

Bajo su misericordia,
James Gitre

Notas

Introducción

1. John Calvin, *Corpus Reformatorum* 33.227

Capítulo 5

1. Gene A. Getz, *Building Up One Another* (Colorado Springs: Victor Publishing, 2002), 9-19.

Capítulo 9

1. Louis L'Amour, *The Lonesome Gods* (New York: Bantam Books, 1984), 24.

Capítulo 10

1. Chapman, Gary, *Cinco lenguajes del amor* (Miami, FL: Editorial Unilit, 1992).
2. Charles R. Swindoll, *Growing Deep in the Christian Life* (Grand Rapids: Zondervan, 1995).

Capítulo 13

1. John W. Drakeford, *The Awesome Power of the Listening Ear* (Nashville: Word Books, 1987).

Apéndice Dos

1. Algunos precipitadamente han desechado estas relaciones, apelando a fallos, pero pienso que eso le da demasiado crédito al hombre y muy poco a Dios. La presencia de fallas no comprueba que la práctica sea en su esencia equivoca. Si esto fuese cierto entonces podríamos reconsiderar el matrimonio o criar a los niños ya que el mismo argumento podría ser impuesto contra estas relaciones, porque todos hemos cometido errores en ellas.

2. Por ejemplo, vea *The Power of Discipling* by Gordon Ferguson (DPI) o *Master Plan of Discipleship* de Robert Coleman (Revell).

3. De manera alternativa nos podemos referir a esto como "santificación", o algunos llegan a usar el término "amoldarían a Cristo".

4. Vea *The Holy Spirit* de Sinclair Ferguson (Downer's Grove, IL: Inter-Varsity Press, 1997).

5. Existen otras dimensiones de la presencia del Espíritu Santo, pero exploramos esta para nuestros propósitos.

6. También vemos una advertencia similar suministrada por el que escribió Hebreos. El continuar en pecado de forma voluntaria y sin arrepentimiento es pisotear el sacrificio de sangre del hijo de Dios e insultar al Espíritu Santo, quien es el que da gracia (vea Hebreos 10:29).

7. Esto no es para sugerir una tolerancia al pecado. Pablo se encontraba en una misión de rescate de restaurar una iglesia la cual se encontraba desesperadamente enferma y en peligro espiritual. Su carta conlleva varias advertencias fuertes. Aun con esto, intencionalmente les recuerda de donde habían venido y de quien eran.

8. Luke Timothy Johnson, *Living Jesus* (San Francisco: Harper Collins, 1998), 58.

9. Esta declaración no toma en cuenta incidentes que requieren disciplina eclesiástica formal.

www.ingramcontent.com/pod-product-compliance
Lightning Source LLC
Chambersburg PA
CBHW030151100526
44592CB00009B/231